Herbert Jung

Mensch geworden für die Menschen

Gottesdienste, Gebete, Gestaltungsideen
für Advent und Weihnachten

Herbert Jung

Mensch geworden für die Menschen

HERDER
FREIBURG · BASEL · WIEN

Auswahl und Redaktion der Texte:
Josef Spörlein

2. Auflage 2002

www.herder.de

Umschlagmotiv: Salvador Dali, Geburt Jesu

Umschlaggestaltung: Finken & Bumiller
Herstellung: fgb · freiburger graphische betriebe

Gedruckt auf umweltfreundlichem,
chlor- und säurefrei gebleichtem Papier
Printed in Germany

ISBN 3-451-27644-5

Inhalt

Vorwort

Es weihnachtet sehr ... in den Schaufenstern, auf den Straßen und Plätzen, in den Vorgärten vieler Häuser.

»Allüberall auf den Tannenspitzen sah ich goldene Lichtlein sitzen« ... (Theodor Storm) heute sind sie aus Glas, gespeist mit Strom aus der Steckdose – nicht mehr von der Phantasie der Kinder wie noch z.Z. des Dichters Theodor Storm gewesen. Damals haben Kinderaugen sogar das Christkind noch »echt« gesehen, zumindest seinen Schleier, den es schnell vom Fenster weggezogen, auch wenn die Welt der Erwachsenen solch kindlicher Botschaft eher Stirnrunzeln denn Glauben geschenkt hat.

Jetzt leben wir im Zeitalter von Computer, von e-mail und sonstiger Hightech; Phantasie, Staunen und die Vorstellung, hinter allen Dingen sei doch noch eine andere Welt, gar Gottes Hand, sind weit zurückgedrängt sogar im Leben unserer Kleinen.

Der Weg, wie die Botschaft der Schrift einmal vermittelt wurde, der Weg über das Geheimnisvolle ist nicht mehr so zu gehen wie es einmal war. Aber die Botschaft gibt es trotzdem noch, sie braucht nun andere Weise der Vermittlung andere Transportmittel, damit gerade in der Zeit der Erwartung ankommt, was ER selber abgeschickt; seinen Sohn, das Kind aus Bethlehem!

Das Buch vor Ihnen – in Gemeindepraxis schon erprobt und bewährt – will dieser Aufgabe entgegenkommen, will ein Baustein sein mit den vielen kleinen und großen Sandkörnern, um IHM die Wege zu bereiten, wozu der Täufer die Menschen seiner Tage aufgefordert hat. Und schon sind wir mittendrin im Geschehen, werden entdecken: die Situation von damals ist heute wieder, gar immer noch? Denn: Menschen warten ... Menschen suchen ... Menschen probieren hier und dort ... haben ihre Vorbilder, um die sie sich scharen. Der Boden ist also schon da, die Landschaft liegt vor uns ausgebreitet und wartet auf die Saat.

Ich wünsche Ihnen, daß es gelingt auch mit dieser Hilfe, wohl wissend, dass es letztlich dabei nur um IHN geht, um sein Kommen und nicht um diese Texte.

Exegeten guten Stils, Liturgen mit strengen Augen, Dogmatiker mit wachem Blick – sie alle werden vielleicht sagen wie die Menschen in Betlehem; wir haben anderes erwartet. Das kann ich nachvollziehen, doch gerade deshalb möchte ich einladen, nochmals hinzuschauen und einen Blick zu wagen, der bisher Übersehenes wahrnimmt, den Rand bedenkt, oder einfach querdenkt.

All dies deshalb, damit die Menschen neu aufmerken so wie sie es bei der Werbung tun; denn nichts anderes will doch unser Gott als ein liebendes WERBEN um jeden (vgl.Hos.11,1ff.) und darum weiß die Liebe ja auch: um die Fülle der Phantasie, damit das Ziel erreicht wird.

Das wünsche ich Ihnen und vor allem, daß ER ankommt und gerne Platz nimmt bei Ihnen.

Herbert Jung

Meinen Eltern Edith Weber und Theobald Jung
in Dankbarkeit gewidmet
und zur Erinnerung an meine Omas Franziska und Karoline –
Sie haben mir die Faszination der Warte- und Weihnachtszeit
vermittelt.

ADVENT

ERÖFFNUNGEN

Begrüßung und Bußakt

Gestaltung des Altarraumes:
Vorne eine Absperrung (Holzstäbe und bunte Bänder wie bei einer Verkehrsumleitung.) An der letzten Bank die 1. Adventskerze. Jeden Sonntag kommt dann die nächste in Richtung Altarraum dazu.

Steine mitten im Weg –
sogar im Mittelgang der Kirche …
störend, einfach hinderlich …

Was soll das schon wieder?

Ich will es Ihnen sagen:
Immer wieder liegen uns Steine im Weg,
legen wir anderen Steine in deren Weg …
große und kleine, heimtückische und unüberwindbare …
Der Weg der Menschen ist steinig,
ist nicht einfach glatt und schön.

Der Prophet Jesaja wußte darum und rief deshalb den Menschen seiner Tage zu:
»Zieht durch die Tore ein und aus und bahnt dem Volk einen Weg.
Baut, ja baut eine Straße und räumt die Steine beiseite.«
(Jes 62.10)

Seine Stimme ruft diesen Advent schon wieder:
»Bahnt für den Herrn einen Weg …
baut eine ebene Straße für unseren Gott.

Jedes Tal soll sich heben, jeder Berg und Hügel sich senken …
Was hügelig ist, werde eben.«
(Jes 40.3+4)

Räumt doch die Steine weg, die Menschen von Menschen trennen.
Macht es überall so wie in Berlin, damals vor etlichen Jahren
Mauer weg, damit der Weg frei wird: von mir zu dir, von uns zu dem der kommen will.
(Hinweis! – Gemeinde kann eingeladen werden, die Steine jetzt wegzuräumen)
GL 119,3 oder GL 114

Eröffnungsgebet:

Herr, du bist der Kommende, wir sind die Gehenden … unterwegs zu dir und zu dem Reich, dessen Tore uns noch verschlossen.

Dein Wort kann Mut machen weiterzugehen, das Ziel im Auge zu halten. Gib uns davon jetzt durch Christus unseren kommenden Herrn. Amen.

Begrüßung und Bußakt

P. In jedem Vaterunser steht die Bitte um Erlösung, um Erlösung von dem Bösen. – Jetzt im Advent, da der Erlöser näher als sonst erscheint, schauen wir ihm freudig entgegen und rufen:
Erlöse uns von dem Bösen
V. Krieg nennt es der Soldat
A. GL 124,1 Siehe, kommen wird der Herr –
er wird sein Volk erlösen: machtvoll schallt sein Ruf
V. Zweifel nennt es der, der sucht
A. GL 124,1 Siehe, kommen wird der Herr –
er wird sein Volk erlösen: machtvoll schallt sein Ruf
V. Krankheit nennt es der Arzt

A. GL 124,1 Siehe, kommen wird der Herr –
er wird sein Volk erlösen: machtvoll schallt sein Ruf

V. Hunger nennt es der, der bettelt

A. GL 124,1 Siehe, kommen wird der Herr –
er wird sein Volk erlösen: machtvoll schallt sein Ruf

V. Angst nennt es der Haltlose

GL 124,1 Siehe, kommen wird der Herr –
er wird sein Volk erlösen: machtvoll schallt sein Ruf

P. Erlöse uns von dem Bösen

Vergebungsbitte:

ER wird uns hören – Erlöser Israels genannt (vgl. Ijob 19,25), heilen wird er uns von allem Leid, Wege zeigen, die der Zukunft sicher. Amen.

Begrüßung:

Motette für drei Stimmen
(A + B im Vordergrund, C im Hintergrund (Empore)

A Es wird ein Fürst sein aus dem Haus Israel
B. Nein – sogar ein König
C. Du sollst Dir kein Bildnis machen!

A. Er wird die Römer aus dem Land werfen
B. Nein – sogar ein neues Reich errichten.
C. Du sollst Dir kein Bildnis machen!

A. Er wird das Volk von aller not befreien
B. Nein – sogar Brot und Wein in Fülle schenken.
C. Du sollst Dir kein Bildnis machen!

A. Er wird die Schuld von uns nehmen
B. Nein – sogar den Tod beseitigen
C. Du sollst Dir kein Bildnis machen!

Begrüßung

4 Kinder/Erwachsene bringen je eine große leere Schale in den Altarraum, halten sie nacheinander hoch; dabei werden Text und Lied vorgetragen bzw. gesungen

1. Wir bringen Schale – brauchen Tau
   Sehnsucht nach dem Himmel, der schon wartet, die lass wachsen

GL 103, 1 »Tau aus Himmelshöh'n,« Herr erbarme dich (oder)
GL 105, 2 »0 Gott ein Tau' vom Himmel gieß«

2. Wir bringen Schale – brauchen Tau
   Träume von dem Land, das einmal kommt, die lass wachsen

GL 103, 1 »Tau aus Himmelshöh'n,« Herr erbarme dich (oder)
GL 105, 2 »0 Gott ein Tau' vom Himmel gieß«

3. Wir bringen Schale – brauchen Tau
   Hunger nach dem Wort, das du uns zugetraut, den lass wachsen

GL 103, 1 »Tau aus Himmelshöh'n,« Herr erbarme dich (oder)
GL 105, 2 »0 Gott ein Tau' vom Himmel gieß«

4. Wir bringen Schale – brauchen Tau
   Hoffnung auf mehr Leben, das du versprochen, die lass wachsen

GL 103, 1 »Tau aus Himmelshöh'n,« Herr erbarme dich (oder)
GL 105, 2 »0 Gott ein Tau' vom Himmel gieß«

Begrüßung und Bußakt

In der Kirche: vorne ein Baum, daran ein Tuch – ausgespannt zum Auffangen des Taues.

In der Wüste spannen Beduinen Tücher aus in der Nacht, um Wasser zu sammeln, damit sie in der Trockenheit nicht verdursten … auch wir leben in einer »wüsten« Zeit und unsere Lippen lechzen nach Wasser, nach Trost, nach Leben, nach …? Nach so vielem..

Ich lade Sie ein, Ihre Hände hoch zu heben, still diese Haltung zu spüren und mit mir zu rufen:

Schicke Tautropfen von oben für alle die Durst haben nach einem besseren Leben …
Kantor u. Gemeinde :GL 103,1

Schicke Tautropfen von oben für alle, die Durst haben nach Freiheit …
Schicke Tautropfen von oben für alle, die Durst haben nach menschlicher Wärme …
Schicke Tautropfen von oben für alle, die Durst haben nach Frieden …
Schicke Tautropfen von oben für alle, die Durst haben nach Glück ….

Begrüßung

Im Altarraum eine Leiter – auf der obersten Sprosse brennt am 1. Advent die 1. Kerze, weiter unten am 2.! 3. Advent die 2.! 3. Kerze – am 4. Advent stehen 4 Kerzen am Boden.

Dazu stets das Gedicht,
danach Entzünden der Kerze(n)

Von oben nach unten außer dem Wasser wer folgt diesem Weg?
Es klettert Karriere
von unten nach oben:
V. Schüler, Student, promoviert
Titel der Sprossen
außer bei jenem:
Spross aus davidischem Stamm.

Er kommt entgegen.
Falschfahrer!

Kinder wünschen Puppen,
Autos, Spiele

Männer wünschen Frauen,
Geld, Beruf

Frauen wünschen Männer,
Kinder, Schönes

Menschen wünschen Glück,
Gesundheit, gute Zeit

Und DU?

Wer fragt nach Dir,
wenn nicht wir Menschen,
die schlicht und einfach bitten:
Rede Herr,
Dein Wort sei jetzt im Raum
auch in der Zeit. Amen.

❖

Wie Tau vom Himmel fällt
und Pflanze wächst,
die nach ihm ruft –
so komme jetzt Dein Wort
und wirke weiter
bei uns Menschen

Das wird die Zeit des Wartens füllen
und unsere Leere auch.
Darum wir bitten Dich
durch Christus,
der schon unterwegs.
Amen.

❖

Sei Du am Anfang mit dabei,
wenn wir jetzt neu beginnen
sei wieder der, der einst
durch`s Wort geschaffen: All und Erde. –
So sprich zu Deinem Werk:
Zu Menschen,
die Du selbst gewollt,
damit die Hoffnung wachse,
wenn Himmel Dunkel flutet. Amen.

❖

Gott, du bist auf dem Weg zu uns Menschen. Offene Türen wirst du nicht stets finden –
Eher sind wir verschlossen, unnahbar die, die nach dir rufen …
Komm also leise wie ein Wind und fall nicht mit der Tür ins Haus –
Dann können wir dich finden, uns dir nähern mehr und mehr. Amen.

Wenn ER kommt ….
und ich gerade meinen Wunschzettel schreibe
DANN:
Chor: lass alles liegen
lass alles liegen

Wenn ER kommt …
und ich gerade mein Kind stille
DANN:
Chor: lass alles liegen
lass alles liegen

Wenn ER kommt …
und ich gerade einen Kranken bette
DANN:
Chor: lass alles liegen
lass alles liegen

Wenn ER kommt …
und ich gerade bei meiner Arbeit bin
DANN:
Chor: lass alles liegen
lass alles liegen

Wenn ER kommt …
und ich gerade meine Wohnung schmücke
DANN:
Chor: lass alles liegen
lass alles liegen

Wunschzettelzeit

Papier … Stift … Zeit
darf schreiben, was mein Herz begehrt:
der Junge: ein Auto
das Mädchen: eine Puppe
der Jugendliche: Kohle für vieles
der Verliebte: Dich ganz
die Oma: ´was Kleines
der im Bett: Gesundheit
DEIN Name steht da nicht!
Die Sehnsucht nach Dir kein
Wunsch in dieser Wunschzettelzeit!?

PREDIGTEN

Lesejahr A (Mt 24, 29-44)

1. ADVENT

Ziel: *Hörer vermitteln, die Zukunft ist grundsätzlich bekannt und durchaus rosig zu nennen.*

Voll Spannung sitzen sie vor dem Fernseher und wollen wissen, wie wird das Wetter morgen, übermorgen. Kommt der Schnee, der lang ersehnte, wird er uns die Piste präparieren, damit es endlich wieder bergab geht, so fragen die Skihasen und hoffen im Stillen: Sie können bald losfahren.

Bleibt's noch so warm? Können wir weiter mit diesen milden Sonnenstrahlen rechnen? Wunderschön auch dieses Licht des späten Herbstes und der zarte Nebel, bleibt uns diese Faszination noch erhalten? – Das interessiert die Wanderer, die noch kräftig losmaschieren wollen und die Alten, die sich fürchten vor der Macht des Winters. Sie möchten auch wissen: Wie wird es in den nächsten Stunden. Was kommt auf uns zu, doch schon Wolken voll von Eis?

Beim Wetter sind solche Fragen relativ einfach zu lösen. Notfalls genügt der Anruf in Offenbach beim Deutschen Wetterdienst. Dort laufen alle Daten zusammen: Satellitenbilder, Luftdruckmessungen, Temperaturveränderungen, entsprechende Infos vom Ausland. Alle gut gemischt ergeben schon Prognosen von großer Treffsicherheit.

Ganz anders bei den vielen anderen Fragen des Lebens, die uns wichtig, die wir gerne beantwortet hätten – brennend sogar, weil soviel dran hängt an dem Ergebnis: Wie wird z.B. die Ehe der beiden, die sich nächste Woche trauen? Das hätten Mann und Frau gerne gewusst! – Wie verläuft der Aktienkurs der Firma, die neu an die Börse gegangen ist und ihre Wertpapiere dort feilbietet? Stecken da Gewinne drin oder mehr Verluste? Wenn ich das bloß wüsste, wird der Händler sagen, wenn es doch irgendwo ein Zeichen gäbe, wo der Kurs hinläuft! – Und wie lange dauert mein momentanes Hochgefühl: bleiben das Glück, der Erfolg, die Gesundheit oder muss ich sie an den Nagel hängen wie die Sommerkleidung? Zu gerne wüsste ich, was die Zukunft bringt.

Gibt es da eine Adresse ähnlich der in Offenbach, bei der ich mehr über das Morgen erfahren kann als nur die Wetterlage?

Oh ja,. es gibt sie! – Und viele sind auch dort versammelt: lassen sich von Wahrsagern und weisen Frauen aus den Händen lesen oder Karten legen, an Hand der Mondkonstellation in der Geburtsstunde Lebenslinien spinnen oder einfach ihre Träume deuten.

Auf jeden Fall werden Antworten gefunden – wenn auch vage und verschlüsselt – Fragende gehen zufriedener nach Hause, kommen wieder und wollen noch Details haben: wann, wo und wie.

Die Mehrheit der Bundesbürger lacht darüber, spricht sogar von Geldmacherei oder unseriösem Geschäft. Sie findet die Arbeit dieser Hellseher absurd. Es gibt doch keinen Blick in die Zukunft? Wer kann denn vom morgigen Tag mehr erzählen außer, dass wahrscheinlich wieder die Sonne aufgeht und am Abend die Nacht herein bricht. Der Himmel verrät uns nichts, legt keine Karten auf den Tisch, in denen zu lesen wäre: Achtung am 7. Juni neues Erdbeben in Guatemala! – Achtung: Unfall auf der B 3 am kommenden Wochenende. Solches ist mir nicht bekannt. Und auch der Mond weigert sich des Nachts preiszugeben, was er aus der Ferne sieht.

Wir sind da nicht viel besser dran als die Katze, die einschläft ohne zu fragen, ob morgen noch Mäuse zu finden sind. Damit müssen wir einfach leben … und träumen vielleicht deshalb so gerne von gestern. Darüber wissen wir wohl mehr.

Aber die Neugierde bleibt doch! Ich hätte zu gerne erfahren und ich bin mir sicher: Ihnen geht es auch so! … was noch alles wird, was da an Unbekanntem auf uns wartet, welches Abenteuer noch in der Luft liegt –

gerade jetzt, da das Jahr langsam zu Ende geht und ein neues schon in Vorbereitung. Hat jemand eine Antwort bereit?

Matthäus – säße er hier – würde laut »Ja« rufen und dann erstaunte Gesichter finden. In der Tat hat er eine Antwort, was die Zukunft bringt und die ist sehr kurz und doch sehr spannend. Er schreibt den Gemeinden: Der Herr wird kommen (Mt 24,30). Dieser Mann aus Nazareth wird wieder erscheinen und einladen, diesmal zum Gericht. Das Wort kommt nicht gut an: ich weiß – aber es ist nicht einfach zu vergleichen mit Amts- oder Landgericht oder Strafkammer. Es ist etwas anderes: Gericht bzw. richten im biblischen Sinne meint so viel wie in Ordnung bringen – gerade richten, was verbogen oder krumm geworden. – Der Autoschlosser kennt diesen Begriff und die Arbeit, die damit verbunden .... D.h., es wird alles wieder in Ordnung gebracht, was schief gelaufen – was ich angerichtet oder unterlassen habe – es wird alles geheilt, was verwundet wurde an mir von den vielen Anderen – ursprüngliche Ordnung, ursprüngliches »Siehe und alles war sehr gut« (vgl. Gn 1,31), diese Anfangssituation wird wieder hergestellt.

Natürlich wird das wehtun – lassen Sie sich mal ein Gelenk wieder einrenken – ein gebrochenes Schien- oder Schlüsselbein gerade richten – es geht nur mit Narkose! – natürlich werde ich Angst davor und dabei haben ... Aber mit dem Ziel vor Augen, dass ich vor dem Herrn tanzen darf, wird alles halb so schlimm.

Er ist ja auch dabei, nimmt das Ganze – also mich und Dich – selber in die Hand, der Retter genannt wird seit dem Tag, da er zum ersten Mal die Erde besucht hat (vgl. Lk 2,1ff).

Die Zukunft ist also durchaus bekannt — wir wissen, was kommt:. rosige Zeiten, Details dazu fehlen noch, eine Menge Angaben müssen noch gemacht werden – aber so genau wie ein Wetterbericht ist diese Nachricht allemal. Amen.

Ziel: *Umkehr heißt nicht, das Leben wird düster und enger. Umkehr bedeutet vielmehr, das Leben wird menschlicher und menschengerechter.*

Liebe Christen,
Umleitung – nicht zu übersehen das Schild rechts neben der Straße, nach wenigen hundert Metern muss ich die Fahrbahn verlassen. Ende der Schnellstrecke, rasches Vorwärtskommen vorbei, statt dessen Kurven, enge Gassen, ein Dorf am andern, Irritationen, ob es da vorne links abgeht oder doch geradeaus: beides scheint den Augen möglich. Warum steht denn da kein Schild mehr? Ich folge einfach dem Vordermann, vielleicht kennt der den Umweg, seiner Autonummer nach ist er ja von hier.

Einfach ärgerlich, was mir, dem gestressten Autofahrer zugemutet wird; die Nerven, die Zeit, bei keinem Finanzamt abzusetzen. Und heut' grad schon wieder so ein Schild: nicht auf der Straße, nein schlimmer, mitten auf meinem Lebensweg, aufgestellt von so einem Bußprediger, der einfach Umleitung verlangt. Dieses Wort gebraucht er allerdings nicht. Er spricht von Umkehr. Ich denke, das ist fast das selbe. Die wenigen veränderten Buchstaben verstellen den Sinn keineswegs. Die Sache bleibt sich gleich. Ich kann und darf oder soll nicht so weiter machen in meinem Leben, wie ich es bisher getan habe. Erneute Störung, die auch ärgert. Was mischt sich dieser Johannes in meine innere Angelegenheiten ein? Geht den das etwas an? Interessiert den das was ich gerade unternehme oder unterlasse? Hat der da mitzureden? Habe ich kein Recht auf Selbstbestimmung? Wie war das noch mit dem Geschenk der Freiheit? Sag an Johannes: Willst du mir wirklich in die Quere kommen, einen Strich durch die Rechnung machen?

Er wird mit einem »Ja« antworten. Da wette ich drauf! Er wird höchstens noch einmal erklären, wie denn diese Umkehr zu verstehen sei, was er damit erreichen möchte. Ansonsten bleibt das Programm! – unverändert! Und um die Zeit für diese Erläuterung bitte ich Sie jetzt auch, mehr noch, um ein aufmerksames Ohr.

Es fällt auf, wird der Mann am Jordan sagen, dass Sie zunächst das Schlimmste annehmen. Wie kommen Sie zu dieser Phantasie? Woraus wird sie genährt? Wie können Sie einfach unterstellen, ich, Johannes, wolle Ihnen das Leben vermiesen? – Weil Ihre Erfahrung mit Kirche Ihnen das bestätigt? Weil diese Institution es an sich hat, den Menschen Vorschriften zu machen? Solche, die einengen, die Ihre Lust am Leben genommen haben? Weil Kirche den erhobenen Zeigefinger öfter ins Spiel bringt als die heilende Hand … Sie deshalb in Gewissenskonflikte gestürzt, die Ihnen ansonsten erspart geblieben …?

Das könnte ich nachvollziehen und zeige gerade deshalb auf mein Schild »Umkehr«, weil Sie mit diesen Phantasien schon auf dem falschen Weg sind. Sie sind damit – ich muss das einfach so sagen – auf dem Holzweg. Davon will Johannes Sie runterholen. Denn hier werden kirchliche Vor-Schrift und biblische Ur-Schrift miteinander verwechselt. Das künftig zu unterlassen, dafür möchte ich Sie gewinnen. Die Botschaft jenes Mannes aus Nazareth, für den ich heute werbe, ist nicht lebens- und nicht lustfeindlich. Er will ein Leben in Fülle (vgl. Joh 10,10), nicht in Scheibchen oder in Krümel, auch nicht in Askese. (vgl. Mk 2,19)

Genau deshalb braucht es die Umkehr jetzt. Verstanden?

Vielleicht leben Sie ja falsch, sind unzufrieden mit Ihrer derzeitigen Situation? Da kommt Ihnen Johannes doch entgegen mit seinem Angebot, darüber nachzudenken, welche Änderung ansteht bei Ihnen, welcher Schritt zu unternehmen ist, damit das Grau des Alltags flieht.

Vielleicht drückt Sie zuviel, sind Ihre Schultern zu schwer, vielleicht ist der Ernst zu bestimmend, die Leichtigkeit des Seins abhanden gekommen, wie uns allen der letzte Sommer. Dann wäre es Zeit, etwas dagegen zu unternehmen. Sind Sie deswegen verärgert, wenn Johannes rät, wenn er einlädt, verlorenes Leben wieder zu gewinnen, mehr Lebendigkeit zuzulassen und mehr Freude ins Haus zu holen, nicht nur in das aus Steinen, vor allem in das Haus der Seele? Es steht unter Umständen wirklich eine Umkehr an, eine Neuorientierung.

Vielleicht arbeiten Sie zuviel, sind schon ein halber »Workaholic«, wie wir das heute nennen. Dann steht Ihre Gesundheit auf dem Spiel. Hören

Sie also bitte auf! Was nutzt der Stress, wenn Sie nicht mehr glücklich sind, wenn keine Möglichkeit mehr gegeben, das erarbeitete Geld umzusetzen in schöne Zeit?

Vielleicht haben Sie keine Zeit mehr für Menschen, für Mann oder Frau, für Kind oder Enkel? Dann schauen Sie bitte nach, was Sie wirklich wollen und teilen Sie Ihren Kalender neu ein, so wie es Ihnen guttut.

Jetzt sagen Sie aber nicht, es sind die Zwänge, die verdammten Rahmenbedingungen! Bitte nicht vergessen: Zwänge wurden und werden meistens von Menschen gemacht. Sonntagsarbeit war z.B. keine Erfindung des lieben Gottes, er will das gar nicht, steht schwarz und weiß auf der ersten Seite der Bibel (Gn 2,2). Zwänge sind, weil selbst gemacht, deshalb auch veränderbar, weitgehend abzulegen, wie ein Korsett, das ja auch nicht der Schöpfer vorgesehen, sondern Ihre Eitelkeit oder gar Ihre Angst.

Vielleicht plagt Sie diese Angst, nicht begehrt zu sein, nicht alles zu schaffen, zu kurz zu kommen, das Beste zu verpassen! Wollen Sie diesen Zustand weiter aushalten, gar aufrecht erhalten, oder doch lieber umkehren und ganz langsam das Vertrauen lernen, die Erfahrung machen: Es geht tatsächlich anders! Wär' doch schön, mit weniger Angst zu leben! Wie uns die Engel so oft versichert haben: Fürchtet Euch nicht!

Vielleicht hat Sie die Unruhe gepackt und lässt einfach nicht locker, treibt Sie hierhin und dorthin, verführt Sie, diese Aufgabe auch zu übernehmen und sich das »Nein« zu verkneifen. Wollen Sie weiter schlaflose Nächte haben oder doch die Ruhe suchen, sogar finden, Stille ganz neu entdecken, gerade in dieser Advents-Zeit und in ihr sich rundum wohl fühlen?

Vielleicht liegt noch Bitterkeit auf Ihrer Seele, Erinnerung an einen großen Schmerz, gar Rachegelüste. Sie wollen einfach nicht davon lassen und Freiraum schaffen für eine neue Zeit. Möchten Sie dort stehenbleiben, immer wieder Energie dafür verbrauchen, statt sie einzusetzen für den Anfang eines besseren Lebens und so, den Frieden wieder erhalten, der Ihnen genommen wurde?

Der Advent hat lange Abende. Seine Stille lädt ein, liebe Christen, solche Fragen, wie sie eben gestellt wurden, zuzulassen, mit Andern zu bereden und endlich auszuloten, was besser wäre, welcher Schritt befreiende Wirkung für Sie hätte, Ihnen mehr Leben ermöglicht. Wenn Sie dabei Hilfe brauchen, er, Johannes, steht mit seiner Einladung zur Verfügung, stärkt Ihnen doch den Rücken, etwas dafür zu tun, besser zu leben. Und es gibt viele Seelsorger, nicht nur Priester, nein einfach Menschen rechts und links neben Ihnen, die dabei helfen können. Es geht wirklich! Sie können gewiss sein. Zu nichts anderem verführt der Mann am Jordan. Oft ist er missverstanden worden, wird es heute noch! Aber jetzt wissen Sie ja, was er wirklich will: Leben, das sich lohnt. Das jedenfalls meint er mit seiner Predigt von der Umkehr.

Wo da möglicher Ärger sein soll oder gar Verlust von Freiheit kann ich nicht entdecken, höchstens: wir würden seinem Rat nicht folgen, also nicht umkehren. Das finde ich schade für Sie, für mich natürlich auch. Amen.

3. ADVENT

Ziel: *Ob der Mann aus Nazareth der Richtige ist, das finden Menschen nur durch Probieren heraus, wie damals auch.*

Liebe Christen,
Vorsichtig setzt die Dame ihren Fuß über die Schwelle des Ladens. Der verheißungsvolle Name »Nur für Sie« über der Türe und dieses wunderschöne Kostüm von ESCADA – pfirsichfarben – dort im linken Fenster haben sie angelockt.

Ob das für sie das richtige, ob sie, die nicht mehr gerade 20 ist, so etwas noch tragen kann? Sie bittet um Anprobe: »Größe 40 hätte ich gerne«. »Hoffentlich steht es mir so gut, wie der Puppe im Fenster«, das wünscht sie sich insgeheim, nimmt mit spitzen Fingern den seidigen Stoff mit in die Kabine.. Ob es wohl passt, das Kostüm ? – Erneuter Blick in den Spiegel – Ist es wirklich das richtige?

Ist ER auch der richtige? Passt ER zu mir, zu dir, noch in diese Zeit? So fragen Menschen damals vor vielen hundert Jahren am Jordan. Ist das der, der da kommen soll, oder müssen wir auf einen anderen warten? Und ich ergänze: Ist das jemand, mit dem wir heute etwas anfangen können? … Es scheinen Zweifel im Raum zu stehen: damals! – heute auch! Unsicherheiten, ob Jesus der richtige oder der falsche Mann.

Denn: falsche Propheten, die gab es schon immer wie das Unkraut im Weizen. Wie kann ich es aber feststellen, ob's der wahre ist? Wie kann ich das herausfinden, woran überprüfen: nein, es ist nicht der Falsche ??

Der Mann aus Nazareth kommt diesem Wunsch entgegen und nennt sofort die Kriterien dafür:

Blinde sehen wieder … und Lahme gehen … Aussätzige werden rein … und Taube hören … Tote stehen auf … – an all diesen Taten könnt ihr entdecken: ich bin der Richtige. Auf mich ist Verlass (Mt 11,5)!

Das also ist letztlich das Kriterium: ob der Mann aus Nazareth menschliches Leben fördert, vorhandene Defizite und Behinderungen irgendwie heilt. Daran könnt ihr erkennen: wir sind keinem Gaukler nachgerannt – er ist auch kein Rattenfänger, der sein Wohl im Auge hat, gar unser Verderben! – nein, das der Menschen ist ihm absolut wichtig.

Nichts anderes steckt doch verborgen hinter diesen kleinen und großen Wundern von denen der Evangelist soeben berichtet.

Wenn Sie nun wissen möchten, ob Jesus auch der Richtige für Sie ist – ob Sie ihn brauchen können, und ER Ihrem Leben guttut , dann probieren Sie ihn einfach an wie ein Kleid, so heißt es ja bei jeder Taufe bezugnehmend auf den Text im Römerbrief (Röm 13,14) probieren Sie einfach, ob ER passt, zu Ihnen steht, ob er Sie schmückt und schöner erscheinen lässt inmitten dieser Welt; so wie es die Dame – anfangs berichtet – auch getan hat.

Wie das geht ? – Das möchten Sie noch wissen? – Nun, ganz einfach! Sie lesen bitte in der Bibel nach, welche Vorschläge er den Menschen unterbreitet und experimentieren damit:

z.B. dass es Sinn macht, an einen Gott zu glauben, der sich wie ein Vater um seine Kinder sorgt, der um unser Wohl bemüht ist. »Seid ihr nicht viel mehr wert als die Spatzen« (Mt 6,26) … der zuhört, wenn ich ihm mein Leid klage, meinen Schmerz entgegenhalte … und einfach versteht, weil er als Schöpfer weiß, was er da geschaffen hat.

Das kann gewiss helfen, gut tun – bitte einfach ausprobieren!

Z. B. dass es Sinn macht, von meiner Schuld zu erzählen, statt sie mit mir herumzutragen – wie viel Energie geht dafür verloren !? – und mutig ihn und den Menschen um Verzeihung bitten – ER wird mir vergeben, weil er nicht anders kann (2 Tim 2,13), weil es ihm wichtig ist, dass ich frei werde, vergessen darf, was einmal war – einfach neue Chance erhalte für die Zeit, die kommt.

Das kann helfen, kann doch gut tun – Ein Experiment ist das wert!

z.B. dass er Frieden will auf dieser Welt (Lk 2,14), auch in meinem Innern, dass ich nicht der einzige bin, der Schwerter zu Pflugscharen umschmieden will (Jes 2,4) – nein, ihm ist das auch ein Anliegen! Meine Wünsche dahingehend sind nicht verkehrt. ER teilt meine Ansicht, stärkt mir den Rücken, wenn ich für den Frieden eintrete.

Das kann doch helfen, tut wirklich gut …. Du musst das einfach mal ausprobieren! z.B. dass der Sabbat für den Menschen da ist (vgl Mk 2,27) – und nicht umgekehrt, dass das Gesetz als solches gar keinen Wert darstellt, nur letztes Mittel ist, den Menschen vor sich selber zu schützen. Dass ich weiß: es gibt Situationen, da trifft Gebot nicht zu – ich muss also nicht um jeden Preis einhalten, was letztlich nicht zu halten ist.

Das ist doch Lebenshilfe, das reizt doch, auszuprobieren, wie mir solches gelingt oder nicht ?

So können Sie Wort für Wort dieses unbekannten Jesus ausprobieren und so langsam spüren, ob es passt … ob er tatsächlich der Richtige ist als Lebensbegleiter, der Ihnen guttut.

Ich wünsche viel Spaß beim Probieren und drücke Ihnen die Daumen: ER möge passen für viele Stunden, in guten und in bösen Tagen. Amen.

Ziel: *Ich darf den bisherigen Weg verlassen, meinem Gewissen folgen und so meinen Weg finden. – Das wird vielleicht nicht den Gefallen der Menschen finden, unter Umständen auch nicht den der Kirche, wohl aber die Gnade Gottes, wie bei Josef und Maria geschehen.*

Liebe Christen,
»… und lauf ja nicht vom Wege ab«, das gab die besorgte Mutter ihrer kleinen Tochter mit auf den Weg. Sie wollte zu ihrer bettlägerigen Großmutter: im Korb einen Kuchen, eine gute Flasche Wein, damit die Kranke wieder recht bald zu Kräften käme. So fängt es an, liebe Christen, das Märchen vom Rotkäppchen, und wird nun ganz spannend, wenn der Wolf erscheint und sie vom rechten Wege lockt. »Schau, welch schöne Blumen da im Wald stehen, Maiglöckchen und Schlüsselblumen und der lange Fingerhut. Willst Du sie nicht bestaunen, die eine oder andere sogar pflücken und der Großmutter noch einen bunten Strauß neben ihr Bett stellen? Daran wird sie viel Freude haben und schneller gesund werden.«

Das war einleuchtend für die Kleine, und schon verließen ihre Füße den rechten Weg, betraten feuchten Waldboden und rannten mal hierhin, mal dorthin. Ob sie die warnende Stimme der Mutter vergessen hatte? Waren da weder Angst, noch schlechtes Gewissen? Oder war ihr das alles egal?

Uns Menschenkindern geht es da anders als dem Märchenkind. Wir haben schon unsere Not, vom Wege abzukommen, anders zu handeln, als vorgesehen.

Dürfen wir das überhaupt?, ist schon die erste Frage … was hat das für Konsequenzen? Die zweite … und all' die Warnungen, die uns zugerufen werden: von Eltern, von Kirche, von Staat. Wenn die doch recht behalten? Wenn doch das Schlimmste eintritt? So stecken sie alle in großer Not, z.B. die, die sich vom Lebenspartner trennen wollen.

Ich habe ihm versprochen: ich bleibe dabei, nein, ich bleibe bei dir, bis der Tod uns scheidet! Das Versprechen sitzt, aber das leere Miteinander wirkt auch. Und nun beginnt der Kampf! Wie geht's aus? Der Norm folgen, dem Gefühl trauen? – Nicht anders wird es sein für den, der diesen Schritt schon hinter sich hat, aber jetzt neu verliebt. Soll er wieder heiraten, obwohl nicht vorgesehen, nein, sogar ausgeschlossen, ausdrücklich verboten von der Kirche, soll er die Norm missachten und einfach seinen Gefühlen nachgeben, ihr Opfer werden, so nennen es Andere und warnen.

Weit schwieriger die Lage der jungen Frau, die ungewollt schwanger in ihrer ersten Verzweiflung wieder gerne den Zustand davor hätte. – Doch den wird es nie mehr geben. »Lass' das Kind wegmachen », raten gute Freundinnen, und alles ist wieder wie früher. Das stimmt nicht! Sie wird damit leben müssen, dass die Abtreibung stattgefunden hat. Oder sie bringt das Kind zur Welt, auch wenn sie nicht so heil ist wie im Idealfall, auch wenn Einschränkungen damit verbunden sind, gar keine Frage. Soll sie sich darauf einlassen, das »Ja« zum Leben achten, oder darf sie auch ein »Nein« riskieren, selbst wenn das schlechte Gewissen ihr den Schlaf raubt.

Und die vielen anderen täglichen Entscheidungen, die anstehen, lassen die zu, vom Wege abzukommen oder gilt immer die Norm?

Die Gesetzestreuen, sie finden sich übrigens nicht nur bei den Juden, auch nicht nur in den Weltreligionen, nein, auch der Staat, ja jede Gemeinschaft hängt an ihren Regeln, nach dem uralten Prinzip »pacta sunt servanda« (Gesetze sind unbedingt zu halten). Sonst macht es keinerlei Sinn, sie zu erlassen und schriftlich zu fixieren. Schließlich haben sie ja die Aufgabe, Werte zu schützen, Dinge so zu regeln, dass weniger Konflikt wird, weniger Schaden entsteht, Tod sogar verhindert und Leben gefördert wird. Deshalb gibt es einen Dekalog, die Menschenrechte, die Grundgesetze, eine Ethik der Völker.

Aber Leben kennt nicht den geraden Flußlauf, ihm ist krumme Linie viel näher. In der Tat wird der Mensch damit konfrontiert, dass Gesetze nicht alle Lebenslagen berücksichtigen, ja, dass sogar Werte aufeinander prallen, klassisch bei Sophokles auf die Bühne gebracht. Kreon muss sich entscheiden: Gesetz oder Antigone. Für ihn gibt es nur das Gesetz, die Tragödie nimmt trotzdem ihren Lauf.

Deshalb wundert es nicht, wenn Menschen auch gegen das Gesetz rebellieren, ihm den zweiten Platz zuweisen, sozusagen einladen, den Weg zu verlassen, wenn es notwendig ist, wenn auf diese Weise Not beendet werden kann. Für sie steht der Mensch und die menschliche Regung an oberster Stelle. Das schützt zwar nicht vor Tragik, aber vielleicht ist dieser Weg gangbarer, für den Menschen eher erträglich.

Matthäus weist heute genau in diese Richtung. Der Jude Josef – gesetzestreu – entscheidet sich, vom Weg der Tradition abzuweichen, die guten Sitten seines Volkes zu vergessen: um Gottes Willen. Und siehe da: es war gut so. Das Kind wurde gerettet, der Mutter geholfen, die Erlösung gefördert. Der Evangelist schreibt nichts von den inneren Kämpfen des jungen Mannes, wieviel schlaflose Nächte es ihn wohl gekostet hat. Doch er weiß von einem Engel oder einfacher gesagt von einem Traum, dem Josef Glauben geschenkt hat. Vielleicht hat ihm das geholfen. Vielleicht ist das auch für uns Hilfe, den Weg durchs Leben zu finden, der für uns der richtige ist.

In der langen Geschichte der Kirche haben das Männer und Frauen dem Bräutigam Mariens immer wieder nachgemacht, dafür auch Prügel eingesteckt, sogar das Missfallen der Freunde und Verwandten, auch der Mutter Kirche erfahren. Sie haben sich nicht davon abhalten lassen, ihren Weg zu gehen. Dieser Mut hat letztlich mit dazu beigetragen, dass die Kirche auf dem 2. Vaticanum wieder offiziell verkündet hat, dass der Einzelne seinem Gewissen – und nur ihm – folgen darf und folgen soll. (vgl. Vaticanum II, Patroralkonstitution Nr. 26)

Bei der Realisierung dieser Entscheidung tun sich die Christen immer noch schwer: die oben und die unten – man hätte halt doch gerne, dass alle dasselbe denken und tun. Jüngstes Beispiel dafür war der Ausstieg aus der bisherigen Form der Schwangerschaftsberatung. Sie wollte helfen, nicht nur das Leben des Kindes zu schützen, sondern auch eine eigene Gewissensentscheidung zu fördern. Letzteres hat unsere Kirche missachtet. Ich bin mir aber sicher, dass sie auch hier weiter lernen wird, weil der Fall Josef nicht gelöscht werden kann, sondern weiterhin Stachel im Fleische bleibt. Amen.

Thema: Wunschzettel

Ziel: *Wünsche äußern ist nicht nur Kindersache, sogar Gottes Sache.*

Liebe Christen!
Als wir noch Kinder waren, da haben wir in den Tagen vor Weihnachten Wunschzettel geschrieben. Das Christkind sollte doch nicht irgend etwas bringen oder Spielsachen an denen wir keinen Spaß hätten. Mit schöner Schrift – in den ersten Schuljahren ist das ja noch recht anstrengend – haben wir dann etwa so aufgeschrieben: Liebes Christkind: Ich wünsche mir für meine Eisenbahn eine Lokomotive mit großen roten Rädern und für die Puppe wieder neue Haare und ein rotes Kleid. Dann wurde der Zettel auf die Fensterbank oder vor die Türe gelegt. In dunkler Nacht wird das göttliche Kind schon vorbeikommen und unseren Brief mitnehmen; er war morgens auch weg, wahrscheinlich vom Wind weg geweht, aber das wußten wir Kinder nicht so genau und das war auch nicht entscheidend! Als wir dann größer wurden haben wir diesen Brauch der Kinderzeit aufgegeben. – Erwachsene schreiben keinen Wunschzettel – das ist doch was für Kinder! Wer sagt das eigentlich? – Wo steht denn das geschrieben, daß nur Kinder Wünsche haben und Wünsche äußern dürfen? Warum fällt den Erwachsenen es eigentlich so schwer ihre Wünsche zu äußern, das zu sagen, was sie im Innersten ihrer Seele wollen? Warum erscheint es den Großen nicht mehr sinnvoll? Ist es tatsächlich eine Sache der Kinder?

Bei den jungen Erwachsenen hat das wahrscheinlich etwas mit der Selbständigkeit zu tun. Endlich nicht mehr von den Eltern oder großen Geschwistern oder Lehrern abhängig zu sein. Nicht mehr hilflos sein und für alles bitten müssen ist schon ein großartiges Gefühl – unabhängig sein, sich selbst etwas leisten können und nicht ewig »Danke« sagen, gibt ein neues Gefühl von Freiheit und Stärke …

Bei Verliebten ist das ein schönes Spiel: der andere soll meine Wünsche erraten, und wenn er gar meine geheimsten Bedürfnisse und Sehnsüchte ausfindig machen kann, dann ist das der richtige Partner, dann wird das eine phantastische Beziehung, vielleicht so etwas wie der Himmel auf Erden.

Die Bescheidenen stellen keine Ansprüche –sie begnügen sich mit dem was sie haben; das ist edel, das wird in der Gesellschaft, die im Überfluß lebt, außerordentlich hoch angerechnet, erspart auch Konflikte. Und was ist das erst eine großartige Situation wenn mir doch jemand was bringt, mir, der nie daran gedacht, auch nicht im stillen Kämmerlein, daß ich je etwas bekäme?

Wünsche äußern ist das Kindersache? Hört es auf, wenn die Schulzeit vorbei? Die Realität weiß anderes:

Nein! Auch als Erwachsene haben wir eine Menge Wünsche – nicht nur an Weihnachten, das ganze Jahr über! – Und wenn wir so tun, als hätten wir doch keine, dann nehmen wir uns selbst nicht ernst, dann akzeptieren wir nicht, daß Menschsein etwas mit unvollkommen, unvollendet, hilflos, auf ein Du angewiesen sein, Abhängigkeit, zu tun hat. Theologisch gesprochen könnte man sagen: Wir Menschen sind doch letzten Endes erlösungsbedüftig, Wesen, die darauf warten, dass es Ihnen besser geht, Menschen, die mehr brauchen als eben das Notwendigste zum Leben .... Ja zu meinen Wünschen sagen, d.h. ja sagen zum Menschsein, heißt ja sagen zum Erlöst werden wollen ...

Und deshalb können wir, die sogenannten Großen durchaus Wünsche äußern.Übrigens Gott tut es auch: Er hat den Wunsch Mensch zu werden – läßt solche Bitte herantragen an eine Frau in Nazareth. Hast Du nicht Lust Maria mir dabei zu helfen? –

Sieh mal einer an: der große Gott, schon am Anfang seiner Menschwerdung schon ganz Mensch.

Zudem denke mir, ist wünschen eine Entlastung für das Miteinander. Warum soll ich mir den Kopf stundenlang darüber zerbrechen, was wohl der andere braucht oder will oder gerne hätte. Vielleicht liege ich mit meinen Gedanken sogar ganz daneben. Er kann doch sagen, was ihm fehlt. – Und warum mache ich dieses Spielchen mit, daß so heißt: Wenn du mich lieben würdest, wüßtest du genau, was ich brauche …Überfordere ich damit nicht den Partner? Verlange ich dann nicht hellseherische Fähigkeiten von ihm. Und es wär doch so einfach zu sagen: Du, ich möchte gerne dieses oder jenes. – Aber da fällt mir ein, so einfach ist es wahrscheinlich doch nicht, denn wir haben ja das Wünsche äußern verlernt. Und fühlen uns dabei recht hilflos und ungeschickt.

Ich möchte sie einfach dazu ermuntern, es wieder wie in Kindertagen zu machen. Nehmen sie sich die Woche über mal Zeit und dann schreiben sie ihre Wünsche auf einen Zettel und da könnte dann vielleicht folgendes drauf stehen: Ich wünsche mir, daß du heute abend bei mir bleibst, wenn ich dich brauche. Ich wünsche mir, daß du mir einen Liebesbrief schreibst. Ich wünsche mir, daß du verstehen kannst, wenn ich manchmal allein sein will.

Ich wünsche mir, daß wir über unsere Beziehung miteinander reden. Ich wünsche mir, daß du mir etwas von deiner Angst erzählst. Und ich wünsche mir, daß sie mit diesem schönen Brauch beginnen und daß sie dabei erfahren; es erleichtert das Miteinander. Amen!

Thema: Neugierig

Ziel: *Zum Weihnachtsfest brauchen wir Neugierde …*

Liebe Christen!
Den Weihnachtsbaum bringt in diesem Jahr Onkel Werner mit – eine Sorge weniger. Jetzt muß ich mich nur noch um seinen Schmuck kümmern – da könnten unsere Kinder was machen; Sterne und Schleifen … und in der Schachtel sind sicher noch Schätze von früheren Jahren: Kugeln, Lametta u.ä …. Was brauchen wir noch zum Fest? – Gedanken einer Mutter irgendwo in Deutschland in diesen Tagen, da Schaufenster schon glitzernd dekoriert, Weihnachtsmänner auf den Straßen grüßen und die Hektik zugenommen.

Ja, liebe Christen, was brauchen wir zum Fest – was ist wichtig, damit so was werden kann wie Weihnachtsstimmung, wie unvergeßliche Erinnerung? – Sehnsucht danach steckt in mir, in Ihnen sicher auch.

Kinder danach gefragt, erwarten Geschenke – das, was sie sich gewünscht – am liebsten ein ganzes Zimmer voll und von jedem Besuch auch noch was. – Das brauchen sie zum Fest! –

Auf jeden Fall! – Dann wird alles gut werden.

Aber wir sind ja keine Kinder mehr, klagen die Erwachsenen und haben doch noch diese Sehnsucht wie die Kleinen – was fehlt uns denn noch zu den Feiertagen?

Freunde des guten Geschmacks ersetzen die Puppe durch eine Flasche alten Champagners, die elektrische Eisenbahn durch den Rehrücken an Wacholderrahm und die Legosteine durch süßes Gebäck! – Dafür wird viel investiert an Geld, Zeit und Ideen ... damit das Fest, nein, das Festessen gelingt!

Brauchen wir das? – Sind dann die Tage gerettet, die Seele zufrieden?

Kranke und Menschen in Krisen nach ihrem Festwunsch gefragt, erhoffen sich ganz bescheiden wenigsten eine Stunde ohne Schmerz, ohne lästige Infusion, ohne die Angst vor dem unsicheren Morgen – sie umschreiben diesen Wunsch mit dem schlichten Wort »Frieden«, ein bißchen davon, oder einfach Stille. Wenn das geschieht, wenn das eintritt, es wäre ein schönes Weihnachtsfest in ihren Augen.

Was brauchen wir, damit das Fest gelingt? – ein Blick auf das Geschehen in und um Bethlehem kennt noch andere Antwort, und vielleicht, ja wahrscheinlich ist sie die wichtigste: Weihnachten brauchen wir Neugierde, Neugierde damit das Fest gelingt! Hirten hatten sie ..., waren gierig, Neues zu erfahren, zu erleben und deshalb lauschen sie in die Nacht, ob sich da was tut: am Boden, in der Luft, und hören erstaunt: Ja, da gibt´s was ..., drüben in der Grotte am Felsen ..., dort ist ein Kind geboren! – Na und.., sagt Durchschnittsmensch – was ist dabei ..., Kinder werden stets geboren, der Ort wo – spielt das eine Rolle? Es ist wieder ihre nomadische Neugierde, die sich damit nicht zufrieden gibt, sondern sie motiviert, genau dorthin zu eilen, wo das Wunder geschehen: ein

Neugeborener – Retter, Heiland von dieser himmlischen Stimme genannt. Sie dürfen ihn sehen und sind erfüllt vom Geschehen jener Nacht.

Ähnlich bei den weisen Männern im Orient! – Ein Stern dort oben, ganz neu, noch fremd, ohne Namen ... gierig sind die Deuter auf dessen Botschaft – was der bringt? Was der zu sagen hat? Und dann ziehen sie los – vollgepackt mit Nahrung, Wasser für die lange Wüste und mit Neugierde – sie treibt letztlich an, gibt die Kraft zum Durchhalten, auch als der Stern verschwunden, scheinbar verglüht wie ein Komet oder doch nicht? Neugierde schickt sie nach Jerusalem, zu dem König Herodes, zu den Gelehrten Israels und läßt sie wieder finden: dieses Mal nicht nur den Stern, sondern auch das Kind, das er beleuchtet ... auch sie sind danach innerlich zufrieden, ihre Lebensfrage ist gestillt.

Von den Hirten und von den Weisen wird erzählt: Neugierde führt auf den Weg, der Zufriedenheit schafft. Denn sie zogen fröhlich von dannen ... nachzulesen bei Lukas und seinem Kollegen Matthäus.

Das also brauchen wir wohl zum Fest: Neugierde auf den Sinn des Tages, die Neugierde auf das Wunder der Heiligen Nacht – die fragen läßt: was hat das zu bedeuten? Was kann ich damit anfangen ... Denn ein Anfang war es ja, ein Anfang Gottes, neue Art, seine Liebe an uns zu verschenken. Und den wünsche ich Ihnen auch, jetzt schon. Amen.

Thema: Erlöser gebraucht

Ziel: *Menschen erleben sich immer wieder als zu kurz gekommen – deshalb brauchen wir wirklich einen Erlöser, der alles wieder gut macht.*

Liebe Christen!

Verpflichtet zur Zwangsarbeit – so hieß das Urteil, das damals ausgesprochen wurde von den Machthabern des Dritten Reiches – ausgesprochen über Menschen, die gar keine Täter waren – die es einfach getroffen, weil sie zufällig zu dieser Zeit gelebt, gesund und kräftig genug erschienen, das Bruttosozialprodukt der Deutschen zu fördern, die Kriegsmaschine auf Trab zu bringen ...

Jetzt wollen sie eine finanzielle Wiedergutmachung – verlangen, dass geschehenes Unrecht beseitigt wird, soweit sich eine wunde Seele überhaupt durch Geld heilen lässt.

Die Vertriebenenverbände haben zwar erklärt, dass sie Versöhnung anstreben und auf jegliche Form von Rache verzichten – aber hin und wieder ruft doch jemand danach, kann nicht vergessen – muss es aber auch nicht – was ihm oder ihr da angetan wurde von den Tschechen, den Russen, den Polen, wie sie Haus und Hof verlassen mussten, entwurzelt und mit einer Tasche in der Hand und jetzt wohin?

Sie wollen Wiedergutmachung, gar kein Zweifel, und wissen gleichzeitig: es geht nicht! Selbst wenn sie ihren Hof wieder erhalten, wenn sie dort ihren Weizen wieder anpflanzen und ihre Pferde züchten könnten – es ließe sich die Enttäuschung, der Schmerz von damals nicht wegwischen. – Wie ein unauslöschliches Merkmal ist er eingegraben ... Zeit lässt vernarben, aber Narbe bleibt – bei Wetterwechsel zuckt sie wieder!

Juden wurden behandelt wie Nicht-Menschen, wie Dreck, der einfach weg gehört und verschwanden deshalb in Gasöfen oder wurden von Gewehrsalven umgemäht: macht man mit Getreide ähnlich: Sense ansetzen – weg! – Die wenigen Überlebenden und ihre Nachkommen verlangen heute nicht nur Schonung, sie fordern Achtung auf jeden Fall und Wiedergutmachung: Können DM 10.000,– den Vater lebendig machen? Kann ein Bankkonto in Jerusalem die Großeltern ersetzen? ... Kann Entwicklungshilfe für den Staat Israel Auschwitz wegwischen, Dachau als normalen Ort in Bayern wieder entstehen lassen – Gewiss Nein! Und doch will die Seele Heilung, will sie ihre Wunden weg haben. Dass es doch jemand gäbe, der sie ungeschehen macht!

Vor Gericht stehen sie heute: die einst am gleichen Tisch miteinander gegessen, von den selben Eltern genährt und erzogen wurden: die vier Geschwister, die um das Erbe streiten: Ich das Haus, du das Konto, der dritte den Wald, der vierte nichts mehr, hat ja den »Doktor« gemacht ... Jeder will noch mehr, fühlt sich ungerecht behandelt von den drei anderen, von den Eltern, und jeder ist sich ganz sicher: er ist zu kurz gekommen, ihm steht noch etwas zu! – Warum soll er denn leerer ausgehen als die Anderen … er will doch endlich nicht mehr an letzter Stelle stehen, was schon lange genug der Fall war – nach seinem Empfinden und nur das zählt!

Stimmt, nur das zählt … und wenn ich jetzt all die fragen würde, die hier vor mir sitzen …, wie Sie sich fühlen? – Auch zu kurz gekommen, auch verletzt, missachtet, ungerecht behandelt? Ich bin mir der Antwort sicher: Ein lautes »Ja« hallte durch die ganze Kirche – in dem Punkt wären wir uns plötzlich einig – da gäbe es keine Rechten oder Linken, keine Alten oder Jungen …, da gäbe es nur – soll ich »Opfer« sagen, oder »Geschädigte« oder »zu kurz Gekommene«? – Ich denke, das Wort ist nicht so entscheidend, wohl die Erfahrung die dahinter steckt, und sie ist jedem so vertraut wie sein Herzschlag … und schmeckt so bitter.

Und all diese Schreie nach Wiedergutmachung, all die Gedanken an Ausgleich und Habenwollen – es sind nur Symptome für das eigentliche Problem: den Rausschmiss aus dem Paradies, wie es Theologen nennen, den Verlust des nährenden Mutterleibes, wie es Psychologen deuten. Die Tür dorthin ist zu – Cherub hält Wache und lässt niemanden hinein, es sei denn, er habe den passenden Schlüssel. – Und den hat doch einer … wie heißt es im Weihnachtslied … »heut' schließt er wieder auf, die Tür zum *schönen* Paradies; der Cherub steht nicht mehr dafür« (GL 134).

Jetzt wissen Sie, warum wir einen Erlöser tatsächlich brauchen – und dass alle anderen Wege zwar verständlich, nachvollziehbar – nur Trostpflaster sind, nicht den Frieden bringen, den nur ER geben kann. Amen.

Unbefleckte Empfängnis (8. Dezember)

Thema: Ohne Sünde

Ziel: *Hörer vermitteln: Maria war ohne Sünde, weil sie Vertrauen hatte zu Gott*

Liebe Christen,
Seit kurzem groß gefragt: die Quizrunden auf vielen Fernsehkanälen. Kandidaten kämpfen um tausend Mark und zehntausend, gar um eine Million und müssen dafür kräftig schwitzen, nein!, richtige Antworten auf der Zunge haben, wenn sie gefragt werden: wer die deutsche Fußballelf damals in Bern zum Sieg geführt – von wem die berühmte Kaiserin Sissi im Film dargestellt wurde und wer Ihr Partner war – was denn ein GAU sei, was eine Gottesanbeterin oder gar eine Tiara .

In solcher Reihenfolge könnte ich mir auch die folgende Frage vorstellen – bestimmt außergewöhnlich – aber wenn so viel Geld auf dem Spiel steht, dann dürfen Sie sich schon mal den Kopf zerbrechen und raten: was ist eigentlich Sünde?

Jetzt verlassen wir das Studio, und ich frage weiter, konkreter: wann sündigen Sie denn?

Wenn sie ein Stückchen Kuchen zuviel essen und ihr Gleichgewicht an Kalorien aus dem Lot gerät? – Wenn Sie ihres Nächsten Frau oder Mann begehrt haben? – Wenn Sie an Gott zweifeln, an seiner Güte zu uns, gar daran ob es diesen Ewigen überhaupt gibt? Was ist denn nun Sünde? Was meinen Sie? Wir können ja jetzt mal eine Umfrage starten und hier fragen! – Haben Sie Lust?

Antwort darauf gibt jedenfalls die Geschichte von Adam und Eva, die Stelle am Anfang der Bibel, die davon erzählt, wie der Mensch zum allerersten Mal gesündigt hat. Wie es also begonnen hat mit dem Bösen in der Welt. Mit einer Schlange fing es an. Sie erinnern sich, sie verführte Eva und die den Adam und so aßen sie von der verbotenen Frucht und versteckten sich. Der Leser und vielleicht auch Sie werden das Ganze als Lapalie bezeichnen. Da ist der liebe Gott ganz schön kleinlich. Wenn wir jedesmal beim Kirschen-, Äpfel- und Pflaumenklauen so bestraft würden, wären alle Gefängnisse voll. Es kann demnach nicht nur um den Apfel gehen. Es muß mehr dahinter sein! Das stimmt. Das Entscheidende, die Sünde der beiden ersten Menschen war ein Vertrauensbruch, ausgelöst durch Angst. Adam und Eva hatten Angst, Gott nach dem Sinn des Verbotes zu fragen, ihn um eine Antwort zu bitten. Angst, das ist die Sünde des Menschen schlechthin, nichts anderes! Adam und Eva hatten Angst vor ihrem Schöpfer, hatten Angst, offen mit ihm umzugehen. Und deshalb haben sie sich vor ihm versteckt und nichts erzählt vom Besuch der Schlange. Sie hatten Angst zu sagen: Du wir konnten nicht widerstehen. Sie hatten Angst um Verzeihung zu bitten und haben die Schuld von sich abgewiesen – die Schlange wars – wir nicht! Im Neuen Testament wird uns dann auf die Frage: Was ist Sünde Gleiches gesagt: der Knecht, welcher nur ein Talent bekam hatte Angst, er vergrub den Schatz aus Furcht vor dem König und wurde bestraft für seine Angst, sagen wir für seine Sünde! (Mt 25,14)

Menschen sündigen also, weil und wenn sie Angst haben, wenn sie kein Vertrauen haben zum Leben, wenn sie nicht hoffen, daß alles wieder gut wird, wenn sie dem letztlich nicht trauen, der das Leben will und nicht den Tod!

Aber dann ist doch jeder von uns ein Sünder, denn wir haben doch alle Angst, wir fürchten uns doch vor den Menschen, vorm lieben Gott, vor uns selber … dann sind wir ja arm dran!

Klar, das ist so. Aber es muß ja nicht so bleiben. Angst ist heilbar wie die Wunde, Angst ist reduzierbar wie der Schmerz, Angst kann vergehen wie die Geburtswehen auch.

Ein Beispiel dafür ist Maria, die Unbefleckte, die Frau ohne Sünde. Sie ist mit ihrer Angst fertiggeworden. So hat sie eingewilligt, Mutter Jesu zu werden, auch wenn alle Zeichen auf Sturm standen; Maria war nicht verheiratet, also ohne Mann und Vater für das Kind, ohne Haus und ohne Einkommen, ohne guten Ruf, ohne Freunde. Sie hat ihre Angst heilen lassen von dem, zu dem sie Vertrauen fand und der den Menschen später immer zurief: Habt keine Angst, oder »Fürchtet euch nicht!«

Deshalb war die Frau aus Nazareth ohne Sünde.

Wissen sie jetzt, wann sie sündigen? Immer dann, wenn sie kein Vertrauen haben zu Gott, zu den Menschen, zu sich selber; immer dann, wenn Angst sie daran hindert zu leben, neue Lebensmöglichkeiten zu entdecken. Sie trauen sich dann immer weniger zu, spüren weniger, gehen mehr und mehr zurück. Sie sterben ab, wie es in der Schrift heißt: Sünde hat den Tod zur Folge (vgl. Röm 6,23). Da hat Paulus wirklich Recht. Amen.

FÜRBITTEN

Advent

❖

P: Er schenkt nicht nur sein Wort, sein Ohr leiht auch der Weltenrichter den Menschen,
die zu IHM rufen:

V: ER wird sie richten:
die hier verurteilt haben …
und die verurteilt wurden

– Richter komm
und heile sie

ER wird sie richten:
die hier geschändet haben …
und die geschändet wurden

– Richter komm
und heile sie

ER wird sie richten:
die hier gemordet haben …
und die gemordet wurden

– Richter komm
und heile sie

ER wird sie richten:
die hier betrogen haben …
und die betrogen wurden

– Richter komm
und heile sie

ER wird sie richten:
die hier verwundet haben …
und die verwundet wurden

– Richter komm
und heile sie

P: Denn Du wirst kommen, Herr, auf des Himmels Wolken. Dann werden Not und Tränen nicht mehr sein, stattdessen: der Himmel auf der Erde. Amen

❖

P: Advent heißt warten: und jeder erwartet anderes.
Für sie alle laßt uns beten.

V: Kinder warten auf das Christkind:
Auf Legos, Puppen und die vielen Computerspiele
P: Herr, sieh ihren Hunger
A.: Herr, erbarme dich

V: Jugendliche warten auf das Erwachsenwerden:
Auf Mofa, neue Freunde und die vielen Parties
P: Herr, sieh ihren Hunger
A.: Herr, erbarme dich

V: Erwachsene warten auf das große Glück:
Auf Geld, den Traumjob und die vielen schönen Stunden
P: Herr, sieh ihren Hunger
A.: Herr, erbarme dich

V: Kranke warten auf ihre Heilung:
Auf die rettende Tablette, eine heilende Hand und die vielen besseren Tage
P: Herr, sieh ihren Hunger
A.: Herr, erbarme dich

P: Denn Du wirst kommen und unser Warten beenden. Das hoffen wir an jedem Tag. Amen.

❖

P: Wie Johannes der Täufer setzen wir unsere Hoffnung auf Jesus, zu dem wir rufen:

V: Johannes predigt die Umkehr, will neue Spielregeln für das Leben finden.
Wir beten für die Gesetzgeber in Staat, Parteien und Vereinigungen, daß sie ihre Gesetze am Menschen und seinen Bedürfnissen orientieren.

Herr, erbarme dich

Johannes erfährt die Kargheit der Wüste, lernt mit dem Notwendigsten auszukommen.
Wir beten für die hungernden Menschen in Südamerika, in Indien, in Afrika und für alle, die Hunger haben nach mehr menschlicher Nähe.

Herr, erbarme dich

Johannes wendet sich ab von Trubel und Hektik –
er sucht die Einsamkeit.
Wir beten für die Ruhelosen unserer Tage, die nicht Mut und Raum finden, ihrem Wunsch nach Stille nachzukommen.

Herr, erbarme dich

P: Denn erlösen willst Du, nicht bedrücken. Darauf hoffen wir an allen Tagen. Amen.

❖

P: Dein Name ist Emmanuel – für Menschen da – so rufen wir zu Dir.

V: Komm Emmanuel, sei doch mit den Menschen,
die Weihnachten alleine feiern
GL 108,a (Komm du Heiland aller Welt)

Komm Emmanuel, sei doch mit den Menschen,
die Weihnachten arbeiten müssen.
GL 108,a

Komm Emmanuel, sei doch mit den Menschen,
die Weihnachten nicht mehr erleben.
GL 108,a

Komm Emmanuel, sei doch mit den Menschen,
die Weihnachten nicht mögen.
GL 108,a

Komm Emmanuel, sei doch mit den Menschen,
die Weihnachten vergessen.
GL 108,a

P: Denn Du hast versprochen mitten im Leben zu sein an allen Tagen
bis zum Welten Ende. Amen

❖

P: Herr hilf mit, wenn Menschen Wege bereiten. Wir beten für sie alle:

V: Menschen bereiten Wege für mehr Verständnis –
Gib deine Gnade mit dazu

Menschen bereiten Wege für mehr Fröhlichkeit –
Gib deine Gnade mit dazu

Menschen bereiten Wege für mehr Lebendigkeit –
Gib deine Gnade mit dazu

Menschen bereiten Wege für mehr Vertrauen –
Gib deine Gnade mit dazu

Menschen bereiten Wege für mehr Veränderung –
Gib deine Gnade mit dazu

P: Denn Du wirst Wege finden zu den Menschen.
Das war einst geschehen, wird auch morgen sein. Amen.

❖

Viele warten auf uns, auch auf unser Gebet –
ihnen allen gelten unsere Bitten:

Eltern werden ihre Kinder zu uns bringen und um deren Taufe bitten:
daß sie Heimat finden in der Kirche vor Ort und Menschen,
die sie gerne wachsen sehen. – Nur darum bitten wir.

Herr der Zeiten – Herr steh' ihnen bei!

Eltern werden ihre Kinder zu uns bringen und um deren Erstkommunion bitten:
daß sie Platz finden am Tisch der Nikolausgemeinde und Menschen, die nicht nur satt, sondern auch weiter hungern nach dem Unbekannten. – Nur darum bitten wir.

Herr der Zeiten – Herr steh' ihnen bei

Schuldig gewordene werden zu uns kommen und um Vergebung ihrer Sünden bitten:
daß sie offene Arme finden in unserer Mitte und Menschen, die nicht nur vergeben, sondern auch herausfordern. – Nur darum bitten wir.

Herr der Zeiten – Herr steh' ihnen bei

Eheleute werden zu uns kommen und um Gottes Wort für ihr Miteinander bitten:
daß sie Hilfen finden für ihr neues Nest und Menschen, die nicht nur vom Glück der Ehe schwärmen, sondern auch die Schattenseiten preisen. – Nur darum bitten wir.

Herr der Zeiten – Herr steh' ihnen bei

Kranke werden zu uns kommen und um das Sakrament der Salbung bitten:
daß sie heilende Hände finden und Menschen, die sie nicht nur trösten, sondern auch zurück ins Leben rufen. – Nur darum bitten wir.

Herr der Zeiten – Herr steh' ihnen bei

Angehörige werden zu uns kommen und um die Beerdigung ihrer Toten bitten:
daß sie Raum finden für ihre Trauer und ihren Zorn und Menschen, die nicht nur hören, sondern auch im Abschied neuen Anfang sehn.
– Nur darum bitten wir.

Herr der Zeiten – Herr steh' ihnen bei!

P: Denn diese Zeit ist Deine Zeit, die uns nicht von Dir trennt. Das soll so sein an jedem Tag im neuen Jahr. Amen.

❖

Wer wartet der wünscht sich ganz konkrete Dinge.
Daß solches in Erfüllung gehe, darum bitten wir:

Es warten Hungernde auf Brot –
der Sterbende auf seinen Tod

Herr, erbarme dich

Es warten Kinder auf`s große Fest –
der Bettler auf ein warmes Nest.

Herr, erbarme dich

Es warten Kranke auf bessere Zeit –
die Neugeborenen auf ein warmes Kleid

Herr, erbarme dich

Es warten Bewerber auf den neuen Vertrag –
der Geschäftsmann auf einen guten Tag

Herr, erbarme dich

Es warten Eltern auf ihr werdendes Kind –
und der junge Mensch, daß er einen Partner find't.

Herr, erbarme dich

Denn Du Herr hast Menschenwünsche ernst genommen, oft erfüllt.
Dafür sei Dir Dank. Amen.

❖

Wir Menschen können nicht alles.
Wir sind auf Gottes Hilfe angewiesen:

Tautropfen schicke denen, die auf Frieden warten
GL 103,1

Tautropfen schicke denen, die auf Gerechtigkeit hoffen
GL 103,1

Tautropfen schicke denen, die auf einen lieben Menschen warten
GL 103,1

Tautropfen schicke denen, die auf bessere Tage hoffen
GL 103,1

Denn Dein Tau wird Leben fördern. Hoffnung schenken für
die Zukunft.Amen.

❖

Gott will das Heil der Menschen. Deshalb rufen wir zu ihm:

Um Friede für unsere Welt.

Herr, erbarme dich

Um Gerechtigkeit für die Völker.

Herr, erbarme dich

Um Heil für die Kranken.

Herr, erbarme dich.

Um Freude für die Trauernden.

Herr, erbarme dich

Um Leben für die Toten.

Herr, erbarme dich

Denn du hast deinen Sohn gesandt, damit er die Welt rette und heimführe zu Dir unserem Gott. Amen.

❖

Wünsche wirst Du nicht einfach erfüllen Herr,
aber unser Klagen hören,
dessen sind wir sicher und rufen zu Dir:

Ein leerer Stuhl, er steht am Tisch der Eheleute,
die sich getrennt haben –
Heile, was verwundet ist.

Ein leerer Stuhl, er steht im Zimmer dessen,
der im Gefängnis sitzt.
Heile, was verwundet ist.

Ein leerer Stuhl, er steht im Arbeitszimmer dessen,
der gekündigt wurde.
Heile, was verwundet ist.

Ein leerer Stuhl, er steht im Zimmer des Freundes,
der sich mit seiner Partnerin zerstritten hat.
Heile, was verwundet ist.
Ein leerer Stuhl, er steht am Tisch dessen,
der verstorben ist.
Heile, was verwundet ist.

Denn Du hast Deinen Platz noch nicht verlassen – auch schweigend hörst Du Menschen an, das hilft jetzt auch in der Wartezeit. Amen.

❖

Klein und Groß warten in diesen Tagen, haben viele Wünsche,
die wir vor dich hintragen

Es wartet der Hungernde auf Brot
Laß ihn satt werden

Es wartet der Heimatlose auf ein Zuhause
Laß ihn ein Dach überm Kopf finden

Es wartet der Schuldige auf Vergebung
Laß ihn Gnade finden

Es wartet der Gefangene auf die Freiheit
Laß ihn eine offene Tür finden

Es wartet der Tote auf ein neues Leben
Laß ihn dich finden

Denn Dein Ohr hört hin, wenn Menschen rufen,
darum sei Dir Dank und Ehre. Amen.

Nikolaus

❖

Lasset uns beten:

Böse genannt werden Kriminelle,
die anderen viel Leid zufügen!
Sie brauchen Gottes Liebe und darum bitten wir!

Böse genannt werden Kinder,
die Spielregeln der Erwachsenen mißachten!
Sie brauchen Gottes Liebe und darum bitten wir!

Böse genannt werden Querdenker,
die nicht auf unserer Wellenlänge liegen!
Sie brauchen Gottes Liebe und darum bitten wir!

Böse genannt werden Polizisten,
die zuweilen durchgreifen müssen!
Sie brauchen Gottes Liebe und darum bitten wir!

Böse genannt werden Terroristen,
die nur den Weg der Gewalt kennen!
Sie brauchen Gottes Liebe und darum bitten wir!

Denn Du erlöst alle von dem Bösen. Amen.

❖

Der Menschen so erschaffen, wie sie sind, er höre unsere Bitten:

Böses tun Eltern ihren Kindern an und umgekehrt –
wir beten, daß sie einander vergeben können.

Böses tun Männer den Frauen an und umgekehrt –
wir beten, daß sie einander vergeben können.

Böses tun Mitarbeiter ihren Kollegen an und umgekehrt –
wir beten, daß sie einander vergeben können.

Böses tun Inländer den Ausländern an und umgekehrt –
wir beten, daß sie einander vergeben können.

Böses tun Täter ihren Opfern an und umgekehrt –
wir beten, daß sei einander vergeben können.

Denn Deine Sonne geht über Guten auf, auch über Böse.
Das ist gewiß der Dank der Menschen auch. Amen.

Bereitet dem Herrn den Weg (vgl. Lk 3,4)

Begrüßung: Wege bereiten ist uns bekannt: Straße bauen, Schnee räumen … Brücken errichten …Wälder roden … roten Teppich ausrollen …
ABER: IHM einen Weg bereiten ……………WIE geht das ?

Lesung:

Z: Johannes hat sich schon vor 2000 Jahren damit beschäftigt.
Hier seine Antwort

L: Lukas 3, 10 – 14

Musik: (Orgel, Instrumente odere Stille)

Gewissenserforschung:

Z: Zeiten haben sich geändert, damit auch Bedingungen und Spielregeln …
ABER: die Frage bleibt – wie am Anfang schon gestellt – WAS sollen WIR denn tun ?? – HEUTE! HIER ?? JETZT ??

Beispiel A

Z: Neugierig sein wie Zachäus es war – Sie erinnern sich?

Lektor/in:

Da war ein Zöllner mit Namen Zachäus. Er wollte den fremden Rabbi Jesus kennenlernen … Seine Neugierde war groß … so groß, daß er nichts dem Zufall überlassen wollte.
Also: Weg vom Arbeitsplatz – für ein paar Stunden … fragen wo der Fremde steckt, gar auf einen Baum springen, damit er IHN bestimmt wahrnimmt und Einladen kann in seine Wohnung.

Z: SIND SIE NEUGIERIG ??

Musik: GL 105,1

Beispiel B

Z: Vertrautes Verlassen wie die 12 Apostel
Sie erinnern sich?

Lektor/in:

Da waren Fischer am See Genesareth – jeden Tag in aller Frühe Ausfahrt mit leeren Netzen – am Abend erst sind sie zurückgekehrt: mal mit viel Beute, mal mit weniger – gaben davon Frau und Kindern, den Rest haben sie verkauft. Tag für Tag das gleiche Spiel …. Bis zur Stunde, da der fremde Rabbi gerufen: Sofort haben sie ihre Netze liegen lassen, Frau und Kinder verlassen, sind mit IHM auf und davon.

Z: SIND SIE BEREIT ALLES AUFZUGEBEN ??

Musik: GL 105,2

Beispiel C

Z: … UNSICHER WERDEN WIE DIE JÜNGER
Sie erinnern sich ??

Lektor/in:

Da war ein Streit entbrannt, wer dieser Jesus sei? – Ein Demagoge? – der das Volk gegen Römer und gegen Pharisäer aufhetzt? Der Messias, auf den die Väter schon seit Jahren gewartet? Ein Verrückter, wie sie allemal Auftreten? Und der Mann aus Nazareth schweigt – läßt seine Freunde unsicheres Terrain betreten. Sie müssen sich schon mit IHM und mit diesen Theorien auseinandersetzen …. Zweifel aushalten und für sich die Antwort finden, die es dann auch gibt.

Z: SIND SIE UNSICHER?

Musik: GL 105,3

Beispiel D

Z: VON IHM ETWAS WOLLEN WIE SO VIELE
Sie erinnern sich?

Lektor/in:

Da kamen Scharen von Menschen, stellten dem Rabbi Jesus nach und wollten so vieles von ihm: der Blinde sein Augenlicht ... der Kranke seine Gesundheit ... die Sünderin Ihre Unschuld ... Hinterbliebene neues Leben für ihre tote Tochter, für ihren toten Bruder ... Hungrige ein Stück Brot, ... jeder ein gutes Wort ... und sie gingen nie leer aus!

Z: SIND SIE HUNGRIG?

Musik: GL 105,4

Beispiel E

Z: ZU IHM VERTRAUEN HABEN WIE MARIA UND JOSEF
Sie erinnern sich?

Lektor/in:

Da war ein Mädchen – vielleicht 12 Jahre – gerade frisch verliebt und verlobt mit einem Mann mit Namen Josef – Heiratspläne bestanden und dann: eine plötzliche Schwangerschaft! – Josef kann sich an nichts erinnern. Also war´s ein anderer? Der Freund von nebenan? Der Fremde, der letzte Woche um Wasser gebeten? Maria erzählt von einem Engel, wohl geträumt? . – JA! Sagt sie. Und beide vertrauen: Einander und ihrem Gott.

Z: SIND SIE VOLL VERTRAUEN?

Muisik: GL 105,5

Schuldbekenntnis: Psalm 51 GL 190

Frohe Botschaft: Jes 42,1-9

Vergebungsbitte: *(Zeichenhandlung, Händewaschung oder Teelicht oder Stück Straßenkarte (Kopie))*

Ich muß mich ... erbarmen, so spricht der Herr – habe acht auf die Straße, auf den Weg den du gezogen bist. Kehre heim ...!(Jer 31,20)

Denn die Sünde werde ich euch vergeben, damit ihr frei von Last und Schuld weitergehen könnt in große Zukunft. Amen.

Dank: Magnificat GL 688

Löscht den glimmenden Docht nicht aus!

Vorzubereiten: *im Altarraum stehen 6 brennende Kerzen die Kirche ist nur mäßig beleuchtet*

Einzug: GL 106, 1+2, 4+5

Begrüssung

Gott ist unterwegs zu den Menschen.
Er sei mit euch!

Geschenke sind besorgt – Essen bestellt – Karten alle geschrieben. Wer kommt zu Besuch: Oma und Opa, die Paten der Kinder, vielleicht noch deren Freunde zwischendurch – wer sonst noch ?

Das Christkind ? – Ach, das ist doch für Erwachsene außen vor. Und doch wird es da auf dem Stroh oder im Schoß Mariens liegen, mich anlachen ... und eine Botschaft überbringen, von dem Gott der Menschen mag. Sie lautet: diese Nachricht: den glimmenden Docht wird er nicht auslöschen ... uns das Leben nicht erschweren. Das wusste schon Jesaja, darüber denken wir heute nach.

Darum lasst uns beten:

Gebet: GL Nr. 623

Worauf sollen wir hören?
Sag uns, worauf!
So viele Geräusche,
welches ist wichtig.
So viele Beweise,
welcher ist richtig.
So viele reden,
ein Wort ist wahr.

Wohin sollen wir gehen,
sag uns wohin!
So viele Termine,
welcher ist wichtig?
So viele Parolen,
welche ist richtig?
So viele Straßen,
ein Weg ist wahr.

Wofür sollen wir leben,
sag uns wofür?
So viele Gedanken,
welcher ist wichtig?
So viele Programme,
welches ist richtig?
So viele Fragen,
die Liebe zählt.

Gewissenserforschung

Zelebrant: Jesus ist der Mensch schlechthin, das Modell Gottes für alle Zeiten. – Was er tut, ist Maßstab, an dem ich messen kann, in welchem Maße ich ein Mensch oder Unmensch bin. Von diesem Gott, der in Jesus Mensch wird, heißt es beim Propheten Jesaja:

Lesung: Jes 42,1–42,9 (Lektor)

Musik: (Orgel)

Lesungen:

Zelebrant: Licht kann größer und kleiner werden ... Kerzen kann ich anmachen und ausblasen ... Ich selber kann dazu beitragen, dass Menschen durch mich ein Licht aufgeht, dass ihre Gesichter ein Leuchten umgibt oder die Resignation. –

Die folgenden Texte laden ein zu überprüfen, ob ich das Licht vermehre oder den glimmenden Docht lösche.

Text A:
ein Lektor: Adventszeit zu Hause. Das kleine Kind möchte mithelfen beim Plätzchenbacken. Es ist noch ungeschickt mit seinen patschigen Händen. Der Teig klebt an seinen Fingern. Die Formen wollen nicht so richtig klappen. Manches landet auf dem Boden. Manches im Mund der Kleinen – so wird das nie was, fährt die Mutter dazwischen du kannst das nicht, lass das doch sein. Dem stimmt die Oma zu, du bist noch zu jung. Nachher sind die ganzen Plätzchen verdorben – du bist noch zu ungeschickt. Wir machen das schon. Wenn du groß bist, dann darfst du das auch. Spiel jetzt mit deiner Puppe. Das Kind wird traurig. Es wollte helfen, ja es wollte backen lernen. Man hat ihm seinen Willen jetzt kaputt gemacht. Der glimmende Docht wurde gelöscht.
Hinweis: Ein Messdiener bläst die 1. Kerze aus

Meditative Musik

TEXT B:

ein Lektor: Weihnachten wollen wir mal anders feiern, nicht so wie früher, wir sind doch keine kleinen Kinder mehr, meinen die Jugendlichen in ihrer Familie. Wir wollen mit euch Eltern überlegen, planen, was wir dieses Jahr einmal aus diesem Fest machen könnten. Vielleicht können wir unsere Freunde einladen, vielleicht können wir an Heiligabend mal heiß diskutieren über den Sinn von Christi Geburt. Vielleicht können wir eine Fete zusammen mit den Nachbarn veranstalten. Vielleicht verzichten wir mal auf die Geschenke oder probieren mal ganz anderes, was ganz verrücktes, was noch niemand eingefallen ist. Wäre das nichts? Nein, das wär nichts, meinen die Eltern, das hat es bei uns noch nie gegeben und das wird es auch nicht geben. Weihnachten wird so gefeiert wie immer. Wenn es euch nicht schmeckt, gut, dann könnt ihr ja wegbleiben. Man hat die Träume der Kinder, man hat ihre Ideen kaputt gemacht. Der glimmende Docht wurde gelöscht.

Hinweis: Ein Messdiener bläst die 2. Kerze aus

Meditative Musik

Text C:

ein Lektor: Allmählich verspüre ich Lust, das Leben außerhalb der Wohnung zu entdecken. Ich erlebe, dass ich öfters über den eigenen Gartenzaun schaue, nicht nur für Mann und Kinder da bin. Mich interessiert die Dorfpolitik, das Leben der Gemeinde. Fragen der Welt lassen mich nicht mehr kalt. Ich merke, ich werde allmählich flügge. Das Heimchen am Herd will ich nicht mehr sein, sondern eine Frau mit Weitblick möchte ich sein, eine Frau die Ahnung hat vom Leben, eine Frau die mehr kann als kochen, backen und saubermachen. Eine Frau möchte ich sein, die ihren Mann selber stehen kann – Frauen gehören in die Familie, flüstern die Verwandten mal hinter vorgehaltener Hand, mal sagen sie es mir laut ins Gesicht. Und mein vorsichtiger Mut ist dann wieder am Sinken, der glimmende Docht gelöscht.

Hinweis: Ein Messdiener bläst die 3. Kerze aus

Meditative Musik

Text D:

ein Lektor: Männer sind ja nicht nur harte Männer, sondern auch ganz zarte Wesen – rauhe Schale, weicher Kern. Jeder weiß es. Aber keiner hält sich daran, selbst nicht die Männer, die Betroffenen. Kaum ein Mann wagt es unter uns den Tränen Raum zu geben, die Angst zu zeigen, die Unsicherheit vor dem Leben offen an den Tag zu legen, zärtlich mit anderen umzugehen. Sowas macht kein Mann sagt mir meine Phantasie. Wir brauchen sturmerprobte Typen, die Softy-Welle ist vorbei, hat man mir gesagt bei der Arbeit, im Freundeskreis und mein Wille zart zu werden hat abgenommen. Der glimmende Docht wurde gelöscht.

Hinweis: Ein Messdiener bläst die 4. Kerze aus

Meditative Musik

Text E:

ein Lektor: Ich gehöre seit meiner Geburt zur Familie X, habe in dieser Sippe jahrelang gelebt, kenne deren Spielregeln bis ins kleinste Detail, ich weiß wie ich mich dort zu verhalten habe. Das wurde mir vorgeschrieben. Bei uns wird das so gemacht. Andere machen es zwar anders, aber wir sind nicht die anderen, merk dir das. Ich habe es mir oft gemerkt und auch oft merken müssen. Der Preis dafür war hoch, heute meine ich, zu hoch. Denn ich habe vieles nicht kennen gelernt, nicht erfahren, nicht erlebt. Ich weiß nur wie wir es machen. Ich weiß noch nicht einmal wie ich es machen wollte, wie ich es machen. will. Ich möchte mich entdecken, meinen Weg finden. Die Sippe möchte ich verlassen, aus der Familie, aus dem Dorf ausbrechen – der hält sich nicht mit uns – die spinnt – der ist neben der Spur – so eine schlägt völlig aus der Art – mit der haben wir nichts zu tun. Oft wurde mir dies signalisiert. Ich wurde gemieden, schief betrachtet, ausgestoßen, mein eigener Lebensweg wurde mir versaut. Der glimmende Docht gelöscht.

Hinweis: Ein Messdiener bläst die 5. Kerze aus

Meditative Musik

Text F :
ein Lektor: Dich brauchen wir nicht, hat man mir im Verein gesagt. Nein, nicht gesagt, das wäre ja nicht diplomatisch genug, das wäre unklug, sowas sagt man nicht. Man hat es mir einfach gezeigt. Ich wurde nicht gefragt. Meine Vorschläge waren quatsch oder fielen unter den Tisch. Mein Fehlen wurde nicht gemerkt oder gar begrüßt nach dem Motto, Gott sei Dank, heute nicht da. Die anderen wussten über alles im Verein Bescheid. Sie waren gefragt, beteiligt, mich hatte man glatt vergessen. Es war ein reines Versehen, kann ja mal vorkommen, Entschuldigung. Nur hat keiner gemerkt, dieses Mal ist eigentlich immer. Mein Wille zum Mitmachen nimmt ab, wird ganz klein. Der glimmende Docht gelöscht.
Hinweis: Ein Messdiener bläst die 6. Kerze aus

Meditative Musik

Schuldbekenntnis

Es ist dunkel geworden durch unser Tun – es wird dunkel bleiben, wenn wir so weitermachen. – Deshalb rufen wir den Herrn an um Vergebung und bitten: er möge wieder Licht bringen in unsere Nacht.

GL Nr . 164 (V/A oder re/li Seite) beten oder singen; 1.–6. Strophe

Vergebung

Zelebrant: Die im Dunkel sitzen, dürfen hoffen auf ein Licht – so wie die Wächter warten auf das Morgenrot. – Jesaja lädt dazu ein

Frohbotschaft: Jes 60, 1–5, +l0, +15–16, +20 (Lektor)

Vergebungsbitte:
(mit ausgebreiteten Händen)

Der Herr wird alles Dunkle aus unserem Leben fortschaffen, den glimmenden Docht wird er neu entzünden, damit unser Licht leuchten kann vor den Menschen. Die gebrochenen Herzen wird er heilen von Schuld und Trauer, die Gebückten wird er aufrichten, damit sie ihm entgegengehen, dem Heiland der Welt, der kommen wird uns zu erlösen.

Er, der allmächtige Gott wird sich Euer erbarmen, er lasse Euch die Sünden nach und führe Euch einst zum ewigen Leben. Amen.

Danklied: (PS 32 GL 721 oder: GL 123 (Ps. 85)

Fürbitten:

Zelebrant: Für alle, die im Dunkel sitzen aus eigener oder fremder Schuld wollen wir nun beten und für sie ein Licht entzünden.

ein Lektor: Für alle Kinder lasst uns beten, die mitten unter uns wohnen und deren Wille zur Selbständigkeit und Eigenverantwortung von uns gebrochen wurde.

Lass sie jemand finden, der ihrem glimmenden Docht neue Nahrung schenkt.
(anschl. Kerze wieder entzünden)

Herr, erbarme dich

Für alle Jugendlichen lasst uns beten, die mitten unter uns wohnen und deren Träume und Wünsche von einer neuen Welt von uns kaputt gemacht wurden.

Lass sie jemanden finden, der ihrem glimmenden Docht neue Nahrung schenkt.
(anschl. Kerze wieder entzünden)

Herr, erbarme dich

Für alle Erwachsenen lasst uns beten, die mitten unter uns wohnen, und deren Versuche ihren eigenen Weg zu finden und zu gehen von uns missbilligt werden.

Lass sie jemanden finden, der ihrem glimmenden Docht neue Nahrung schenkt.

(anschl. Kerze wieder entzünden)

Herr, erbarme dich

Für alle Starken lasst uns beten, die mitten unter uns wohnen und deren Wunsch nach Schwäche von uns nicht ernst genommen wird. Lass sie jemanden finden, der ihrem glimmenden Docht neue Nahrung schenkt.
(anschl. Kerze wieder entzünden)

Herr, erbarme dich

Für alle Schwachen lasst uns beten, die mitten unter uns wohnen und deren Änderungswille von uns klein gehalten wird.

Lass sie jemanden finden, der ihrem glimmenden Docht neue Nahrung schenkt.

(anschl. Kerze wieder entzünden)

Herr, erbarme dich.

Zelebrant: Denn Du Gott, willst alle Finsternis vertreiben durch den Stern, der uns aufgegangen in Christus Jesus. Amen.

Vater unser (gemeinsam)

Segen

Der Herr sei mit Euch!
Und mit deinem Geiste.

Zu Euch allen komme Gott
mit seinem Segen: der Vater
und der Sohn und der Heilige Geist.
Amen
Gehet hin in Frieden!
Dank sei Gott dem Herrn!

Auszug: GL Nr. 108; 1, 3, 5

Ich bin gefangen – komm und erlöse mich

Vorzubereiten: *ein langer, dicker Strick, ca. 10 m lang*

Einzug: GL Nr. 803, 1+5

Begrüssung:
Gott, der kommen wird, sei schon jetzt mit Euch!
Und mit Deinem Geiste!

Liebe Gemeinde!
Noch fünf Mal schlafen, dann kommt endlich das Christkind – so haben wir als Kinder gedacht und waren erlöst, wirklich erlöst, wenn endlich der Heilige Abend kam und die Geschenke ausgepackt werden durften.

Nun sind wir älter geworden und damit nüchterner. Wir haben erfahren, der heilige Abend bringt gar keine Erlösung. Es geht ja weiter wie bisher. Das lässt Enttäuschung in uns wachsen. Doch es bleibt in jedem der tiefe Wunsch nach wirklicher Erlösung. Wenn doch jemand käme, der uns akzeptierte, der uns auf die Arme nähme, der uns den Weg ins Paradies voranging, wir wären gerettet!

Enttäuschung und Sehnsucht, beide Gefühle sind an Weihnachten da. Auch jetzt, und wir hoffen, wenigstens die Schuld kann Gott von uns nehmen. Wenigstens das schlechte Gewissen könnte er abbauen, uns davon schon erlösen.

Das ist ein Anfang. Ich wünsche mir und ihnen, dass wir es jetzt erfahren, jetzt in diesem Gottesdienst.

Gebet:

Lasst uns nun beten: Gott, sieh auf dein Volk. Du hast uns herausgeführt aus dem Land der Knechtschaft und uns die Freiheit und Weite der Kinder Gottes geschenkt. Doch wir lassen uns immer wieder verführen, lassen uns versuchen, die geschenkte Freiheit mit Füßen zu treten und der Sklave anderer zu werden. Schau, Herr auf diesen tödlichen Kreislauf, reiße uns heraus, komm und erlöse uns, damit wir das Leben genießen können, das du schenken willst durch Christus unseren Herrn. Amen.

Gewissenserforschung:

Zelebrant: Das Gegenteil von Licht ist Dunkel … von Winter, Sommer … von Erlösung, Gefangenschaft. Denn erlösen, das heißt soviel wie lösen … lösen von den Fesseln, loskommen von den Ketten, die Sklaverei beenden. Wer Erlösung will, der will nichts anderes als frei sein, der will seinen Frondienst beenden. Er kann bei diesem Unternehmen mit Gott rechnen, ganz sicher. Sein Wunsch findet bei IHM offene Ohren. Wie schreibt doch Paulus den Galatern:

ein Lektor: »Für die Freiheit hat uns Christus freigemacht; darum stehet fest und lasset euch nicht wieder unter ein Joch der Knechtschaft bringen! Denn ihr seid zur Freiheit berufen, ihr Brüder und Schwestern.« (Gal 5, 13)

Zelebrant: Die Mahnung des Paulus haben wir oft in den Wind geschlagen. Die meisten von uns fürchten die Freiheit wie eine Krankheit, wie die Pest. Freisein gilt nicht unbedingt als Wert, es macht uns eher Angst und ruft negative Phantasien in uns wach! Freiheit verführt zum Bösen, Freiheit geht über in Chaos, Freiheit riecht nach Willkür …

Gefangenschaft ist besser, auf jeden Fall! Da können wir klagen und jammern, da sind wir immer elend dran. Da sitzen wir fest, aber ganz sicher. Da haben wir ein Dach über'm Kopf, und wenn es das Dach eines Gefängnisses ist.

Es gibt viele Situationen im Leben, in denen Sie oder ich, sich gefangen fühlen, in denen wir uns im Käfig erleben. Vielleicht entdecken wir uns in den folgenden vier Beispielen.

Hinweis: *Während ein Lektor die folgenden Texte liest, fesselt ein Erwachsener einen anderen mit einem dicken Strick vor den Augen der Gemeinde. Gleiches geschieht bei den folgenden Beispielen.*

Beispiel A (Ehe und Familie)

ein Lektor: Herr, ich bin gefangen … in meiner Ehe. Immer wieder spüre ich die Fesseln, die mir angelegt werden. Ich kann nicht mehr machen, was ich will. Wie in einem goldenen Käfig fühle ich mich. Alles da, was man zum Leben braucht, doch meine Freiheit fehlt. Wenn ich mache, Herr, was ich machen will, so habe ich ein schlechtes Gewissen gegenüber meinem Partner. Darf ich einfach meine Interessen durchsetzen, darf ich weggehen zu diesem Verein, zu jener Veranstaltung, zu diesem Freund oder zu jener Freundin, ohne zu fragen, ohne Rücksicht? Manchmal tue ich es, aus Wut, aus Trotz, grad extra. Doch danach, Herr, fühle ich mich nicht wohl in meiner Haut. Ich komme mir kindisch vor, geb mir manchmal dafür noch Strafpunkte, werte mich selber ab. Dann leide ich umso mehr.

Herr, ich möchte frei tun können, was ich will, nicht an kurzer und nicht an langer Leine gehalten sein, an gar keiner Leine und nicht unter ständiger Beobachtung stehen, auch nicht unter der eigenen. Ich möchte nicht Opfer werden von falsch verstandener Zuwendung. Und ich habe Angst, schreckliche Angst, einfach das zu tun, was mir gut tut. Mache ich dann nicht die Ehe kaputt? Kündige ich dann nicht heimlich das Versprechen, das ich einmal gegeben habe? Solche Fragen kommen dann in mir hoch.

Herr, komm, komm und erlöse du mich aus meiner Gefangenschaft, komm doch bald!

Meditative Musik

Beispiel B (Konsum)

ein Lektor: Herr, ich bin gefangen im weihnachtlichen Konsumrausch, nur noch kaufen, immer kaufen, dies und jenes, noch die dritte Puppe für die Kleine, das Auto noch für den Enkel, er hat ja schon zehn, aber ich kann ihm doch schlecht nichts schenken. Herr, vielleicht findet er gerade dieses Auto noch am schönsten und er freut sich dann riesig. Soll ich ihm die Freude nicht machen? Für die Oma ist das eine Geschenk gewiss zu wenig. Sie hat viel für uns getan. Vielleicht doch noch die Angoraunterwäsche, Oma friert im Winter so, und sie freut sich auch wie ein kleines Kind, wenn ich am Fest zu ihr komme, wenn sie erlebt, die haben an mich gedacht, ich bin bei denen noch nicht vergessen. Und so hetze ich weiter durch die Straßen, verliere die kostbare Zeit, verliere die Ruhe und suche noch eine Kleinigkeit für den Helmut und noch, nur was kleines, für die Petra und der Manfred braucht bestimmt die Handschuhe. Die Taschen füllen sich, der Geldbeutel wird leerer. Meine Nerven sind überstrapaziert und ich, ich fühle mich alles andere als frei. Im Gedränge der Käufer werde ich geschoben wie ein kleiner Wassertropfen im großen Meer. Vielleicht habe ich die Flasche Sekt gerade nur deshalb gekauft, weil sie so billig war, ob ich sie brauche, weiß ich gar nicht. Vielleicht hab ich den Weihnachtsengel grad eben nur erstanden, weil der Verkäufer so ein mildes Lächeln für mich übrig hatte, der da herumhetzt und nicht mehr ein noch aus weiß. Kann man da widerstehen? Und den Weihnachtsschmuck, den hab ich ja nur gekauft, oder doch nicht, weil in diesem Jahr alle rote Glocken an dem Baum haben, dann darf ich das doch auch tun, oder?

Herr, ich weiß selbst nicht mehr, was ich eigentlich wollte und was ich eigentlich will. Ich bin wirklich gefangen in diesem Konsumrausch vor dem großen Fest.

Herr, komm, komm und erlöse du mich aus meiner Gefangenschaft, komm doch bald.

Meditative Musik

Beispiel C (Gemeinschaft)

ein Lektor: An Weihnachten, da gelten feste Spielregeln. Ein Baum muss her, Geschenke auf den Tisch, die Verwandtschaft muss besucht oder eingeladen werden. Karten werden verschickt, »Frohe Weihnachten« auch denen gewünscht, denen ich am liebsten einen Schneeball an den Kopf werfen würde. Aber, es ist Friede auf Erde, sagt man. Die Regeln für das Fest sind festgelegt, wehe ich halte mich nicht daran, Verdruss und Ärger sind die Konsequenz. Immer muss ich nachgeben, immer muss ich mich an das halten, was das Dorf will, was der Verein vorschreibt, was die Pfarrei so vorsieht, was die Verwandten für mich ausgedacht haben. Wo bleibe ich, Herr, wer fragt wie es mir dabei geht? Ich muss funktionieren, koste es, was es wolle. Und ich erlebe mich wirklich, wie ein Rädchen eingespannt in das Getriebe der Welt. Ich muss mit, ich kann überhaupt nicht aufhören, ob ich will oder nicht, ich bin wirklich gefangen im goldenen Käfig. Ich habe wenig Chancen, es anders zu tun. Denn, alle finden es doch so schön, alle meinen es gut mit mir, nur gut, alle halten mich, aber halten mich auch fest. Ich muss tun, was sie verlangen.

Herr, ich bin gefangen in den Regeln der anderen, in dem sogenannten Gesetz der Gemeinschaft, nicht nur an Weihnachten, auch in den Tagen davor, auch in den Tagen danach.

Herr, komm, komm und erlöse du mich aus meiner Gefangenschaft, komm doch bald.

Meditative Musik

Beispiel D (Ich)

ein Lektor: Herr, ich bin gefangen von mir selber. Was ich einmal gedacht habe, so denke ich immer. Die Partei, die ich früher gut fand, wähle ich schon wieder, ohne zu überprüfen, ob das noch geht. Die Meinung, die ich gewonnen, bei der bleibe ich. Ich habe sogar gute Namen dafür gefunden. Ich nenne mein Verhalten konsequent, gradlinig, das Fähnchen nicht nach dem Wind drehen, Charakter haben, nicht umfallen, eine deutsche Eiche sein. Doch wenn ich ehrlich bin, Herr, in stiller Stunde merke ich, es sind Trostpflaster, Trostpflaster für das Elend, das sich dahinter verbirgt, in Wirklichkeit habe ich Angst. Ich habe Angst, es könnte wie ein Fehler aussehen und jetzt ist Korrektur angesagt. Ich lasse mich nicht auf Neues ein, ich klebe fest, das sind eigentlich die richtigen Namen. Herr, ich merke, ich habe mich selber in Ketten gelegt. Diesmal waren es nicht die anderen. Keiner brauchte das für mich zu tun. Ich bin mein eigenes Gefängnis, sogar mein eigener Wärter. Herr, es ist schrecklich, das zu entdecken. Ich selber gehe mit mir so schändlich um. Ich traue mir selber nicht über den Weg, missachte meine Freiheit, die du geschenkt, die dir so wichtig erscheint. Herr, sich selber in Ketten legen, das ist das Schlimmste.

Herr, komm, komm und erlöse du mich aus meiner Gefangenschaft, komm doch bald.

Meditative Musik

Zusammenfassung:

Zelebrant: Gott will die Freiheit, er führt hinaus ins Weite. (vgl. Ps 18, 6)

Wer nicht frei sein will, der wird schuldig, weil er sich und sein Leben selber kaputt macht, weil er die Chancen und Möglichkeiten, die Gott ihm gibt, nicht wahrnimmt.

Der Mensch, der gefangen lebt, der ist schon gestraft, er braucht nicht mehr den Fluch Gottes. Er hat ihn schon hautnah am Leib. Gefangen sein, gefangen bleiben, so sagt die Schrift (vgl. Röm 7, 23), das ist wirklich

Sünde, weil hier das Leben verloren geht, weil die Freude am Lebendigen abnimmt. Der Wunsch nach dem Tod wird immer lauter. Weil wir oft Gefangene sind, bitten wir Gott um Vergebung, vor allem um Erlösung von der Knechtschaft.

Schuldbekenntnis:

Ein Lektor: Ich bin gefangen in meiner Ehe und meiner Familie.
Ich bin deren Sklave geworden.

Anschließend Kantor oder Lektor:
Komm, Herr, komm
und erlöse uns

GL Nr. 118,3 oder 120,1

Kündet es den Verzagten:
Seid stark und fürchtet euch nicht.
Sehr, unser Gott wird kommen, uns zu erlösen.

(nach jedem der folgenden Sätze wird der Kehrvers gesungen)

Ich bin gefangen im Konsumrausch und im Trubel des Weihnachtsfestes.
Ich bin ein Sklave der Wirtschaft geworden.

GL 118,3 oder 120,1

Ich bin gefangen in den Regeln der anderen und in den Gesetzen des Dorfes. Ich bin deren Sklave geworden.

GL 118,3 oder 120,1

Ich bin gefangen von meinen eigenen Prinzipien und meinem eigenen Starrsinn, ich bin mein Sklave geworden.

GL 803 118,3 oder 120,1

Ich bin gefangen von meinem schlechten Gewissen und von meinem Misstrauen gegenüber Gott. Ich bin sein Sklave geworden.

GL 118,3 oder 120,1

Vergebung

Frohbotschaft:
Zelebrant: Der Gefangene wird sein Leben in Freiheit nie vergessen – er träumt von dem Tag, an dem er wieder frei atmen kann. Dieser Tag rückt jetzt in greifbare Nähe:

ein Lektor: Jes 61, 1–4
Der Geist Gottes, des Herrn ruht auf mir; denn der Herr hat mich gesalbt. Er hat mich gesandt, damit ich den Armen eine frohe Botschaft bringe und alle heile, deren Herz zerbrochen ist, damit ich den Gefangenen die Entlassung verkünde und den Gefesselten die Befreiung, damit ich ein Gnadenjahr des Herrn ausrufe, einen Tag der Vergeltung unseres Gottes, damit ich alle Trauernden tröste, die Trauernden Zions erfreue, ihnen Schmuck bringe, anstelle von Schmutz, Freudenöl statt Trauergewand, Jubel statt der Verzweiflung. Man wird sie »Die Eichen der Gerechtigkeit« nennen. »Die Pflanzung, durch die der Herr seine Herrlichkeit zeigt.«

Vergebungsbitte (mit ausgebreiteten Händen)
Gott selber wird kommen und uns erlösen von jeder Knechtschaft ... die Gefangenen wird er befreien und sie hinausführen in das Land, das er uns zeigen will.

Die Fesseln wird er lösen und ein Leben schenken, nach dem wir hungern. Das wird er tun, der Gott Emmanuel, der uns erlösen will, seit jener Nacht, da er als Retter kam: um uns zu heilen von der Schuld.
Der menschgewordene Gott erbarme sich Euer, er lasse Euch die Sünden nach und führe Euch zum Ewigen Leben. Amen.

Hinweis: *Jetzt werden die 4 »Gefesselten« wieder von ihren Stricken befreit – sie können während des Dankliedes mit erhobenen Händen vor dem Altar stehen bleiben.*

Danklied: GL Nr. 111; 1, 2, 5

Fürbitten:

Zelebrant:
Wir können nicht einfach alle befreien, die gefangen sind hinter Gittern und hinter Ängsten.
Aber wir können wenigstens für sie beten.

ein Lektor:
Im Gefängnis sitzen Menschen wegen ihrer politischen Überzeugung.
V/A: Herr, hilf sie zu befreien.

Im Gefängnis sitzen Menschen wegen ihrer Religion.
V/A: Herr, hilf sie zu befreien.

Im Gefängnis sitzen Menschen wegen liebloser Kinderjahre.
V/A: Herr, hilf sie zu befreien.

Im Gefängnis sitzen Menschen wegen falschen Urteils.
V/A: Herr, hilf sie zu befreien.

Im Gefängnis sitzen Menschen aus Angst vor sich selbst.
V/A: Herr, hilf sie zu befreien.

Zelebrant:
Denn Du Herr hast deinen Sohn gesandt, damit wir die Freiheit neu erfahren. Dafür sei Dir Dank gesagt jetzt und in Ewigkeit.
Amen

Segen:

Der Herr sei mit Euch!
Und mit Deinem Geiste!

Der Herr selber wird kommen
um euch zu erlösen.
Er wird alle Tränen abwischen
und Euch Leben schenken
in seinem Reich.
Sein Segen begleite Euch bis
zu jenem Tag: der Segen des Vaters und des
Sohnes und des Heiligen Geistes. Amen

Gehet hin in Frieden.
Dank sei Gott dem Herrn!

Schlusslied: GL Nr. 107, 1

WEIHNACHTEN

CHRISTMETTE

Hoffnung wird!

Kirche spärlich beleuchtet (Baum und Krippe ohne Licht vor dem Altar eine große Baumwurzel / dahinter – versteckt – eine weiße Rose)

Einzug: Lied »Stille Nacht«, 1. Strophe

Gebet:
Gebrochen jetzt, was einst geblüht –
Herr, ist das Ende nah', der Sonne Licht verglüht?
Gedenke doch der Menschenkinder,
sieh' ihren Wunsch, dass Hoffnung kommt
und sprich jetzt in die Nacht das Wort »Es werde!«
so wie es schon am Anfang ward (vgl. Gn 1, 1 ff)
Nur solches bitten wir von Dir,
dem Wunder niemals fremd. Amen.

Einführung: *nach jedem Text werden immer mehr Lampen ausgeschaltet und der Chor ruft »Herr, erbarme dich«, nach dem 5. Ruf ist die Kirche ganz dunkel, eine Rose wird noch vorne gebracht*
(Hinweis: nach jedem Text wird ein Stück Holz zerbrochen)

A) Z: Und siehe, es war einmal:
V: kein Schmutz im Wasser –
kein Ölteppich im Meer –
kein Loch im Firmament –
kein Wald am Sterben –
Natur zerbricht
Chor: Herr, erbarme dich …
(verschiedene Stimmen rufen durcheinander)

B) Z: Und siehe, es war einmal:
V: kein Durcheinander der Kulturen –
kein Ausländer auf Asylsuche –
kein Verwischen von rechts und links –
kein Wertwandel –
Gesellschaft zerbricht
Chor: Herr, erbarme dich …

C) Z: Und siehe, es war einmal:
V: kein Mangel an Arbeitsplätzen –
kein Mobbing in der Firma –
keine ungesicherte Altersversorgung –
kein Stress im Betrieb –
Arbeitswelt zerbricht
Chor: Herr, erbarme dich …

D) Z: Und siehe, es war einmal:
V: keine Arbeit an Sonn- und Feiertagen –
keine Disco am Heiligen Abend –
keine Schule ohne Religionsunterricht –
kein Kind ohne Gebet zu Hause –
Katholizismus zerbricht
Chor: Herr, erbarme dich

E) Z: Und siehe, es war einmal:
V: keine Familie ohne Oma und Opa –
kein Kind ohne geregeltes Zuhause –
keine Ehescheidung an der Tagesordnung –
kein Nachbar fremd –
Großfamilie zerbricht
Chor: Herr, erbarme dich

Orgel: ganz leise: Es ist ein Ros … (GL 132)
dazu Spot an!
Chor: Lied Nr. 132, 1
Lied : Gemeinde Nr. 132, 1
Lesung
Chor: »Maria durch ein Dornwald ging«
Evangelium

Predigt

Ziel: *Hoffnung ist ihrem Wesen nach werdend … also auch »vergehend« aber damit auch wiederkehrend: an anderer Stelle.*
Wenn ich also Hoffnung (neu) gewinnen will, muss ich um dieses Geheimnis wissen, meinen Blick nicht fixieren, sondern immer wieder neu schweifen lassen, wo sie gerade neu wird: diese Hoffnung.
So macht es auch der Dummling im Märchen von den drei Federn und hat dabei Erfolg.

Liebe Zuhörer!
Platt gedrückt: das kleine Näs'chen von Hanna. – Jeden Morgen an der großen Scheibe des Puppenladens … Und voll Sehnsucht die Augen der Kleinen, wenn sie diese Puppe anschaut: die mit dem blauen Kleid aus Samt, mit dem grünen Hut und der putzigen Perlenkette um den Hals. – Wie die glitzert!

Minuten bleibt Hanna stehen – sprachlos, weil solche Puppe einfach die Sprache verschlägt … bleibt also stehen und schaut und staunt … bis die Hand der Mutter sie wegzerrt: »Komm, die andern Kinder warten – und ich muss doch zur Arbeit!« –

Traumverloren geht sie dann mit: die Füße auf dem Boden zwar, doch die Augen, die sind noch in der Welt der Puppen.

In ihrem kleinen Köpfchen aber, da arbeitet es ununterbrochen; da will die Frage gelöst sein: wie komm' ich an die Puppe dran, ja genau an diese schöne im Fenster! – Was kann ich tun, damit sie mir gehört, einfach für immer!! Damit ich sie überall hin mit nehmen kann: zur Oma, zu

Tante Lisa, zu ihrem Freund im Kindergarten: dem wilden Niko. Ja, liebe Christen, wie kriegt die Hanna ihren Wunsch erfüllt??

Bei der Puppe wird sich schnell eine Lösung finden, da bin ich mir sehr sicher … das Mädchen wird einen Weg wissen – ABER wird sie auch Mittel finden, ihre Wünsche zu erfüllen, wenn sie nicht mehr 4 Jahre alt, sondern 14 oder gar schon 40 Jahre zählt?

Wenn dann die Wünsche auch nicht mehr so einfach, sondern viel geheimnisvoller, eher in den Sternen stehend?

Wie wird Hanna z. B. Hoffnung finden für die vielen Tage ihres Lebens, damit es sich auch aushalten lässt auf dieser Erde: mehr noch, damit es sogar Spaß macht, am Leben dran zu bleiben – und nicht Bitterkeit den Alltag vergällt.

Scheiben hinter denen sie greifbar liegt: die Hoffnung. – Es gibt sie nicht bei »Hertie« oder »Karstadt« … und doch brauch' ich sie, brauchen Sie diese Kraft so nötig wie das tägliche Brot.

Also lad' ich doch zur Suche danach ein, damit Sie nicht leer ausgehen, gar leer nach Hause gehen: in dieser Nacht.

Hans Dieter Hüsch danach gefragt, wo er sie denn »einkaufe«: seine Hoffnung, fand kürzlich in Stuttgart beim letzten öffentlichen Auftreten eine – wie ich denke – brutale Antwort: Die Krisen seines Lebens: Fußoperationen in der Jugend, der Tod seiner geliebten Gattin Frieda und der Lungenkrebs, die künstlerischen Durststrecken: sie seien der Nährboden für seine Hoffnung, die »noch immer grünt« (Stuttg. Zeitung v. 11.12.2000). Nach mageren Zeiten – so die Erfahrung des Kabarettisten – fließt das Fett wieder. Und so ist die Hoffnung fester Bestandteil geworden in seinem Leben, so sehr, dass die Schrecken der nächsten Katastrophe sich in Grenze halten.

Gut für ihn, denke ich, aber soll ich, sollten Sie jetzt den Menschen das Pech an den Hals wünschen, damit das Glück wird? – Soll ich Sie in dieser Nacht in die Dunkelheit führen, damit Sie den Stern sehen, den von Betlehem? Zumindest der Arzt tut es so, wenn er zur Impfung greift und schlimme Erreger meinem Körper zumutet. In der Medizin gehen wir schon solchen Weg, in der Therapie auch – aber anderswo – völlig absurd!

Der Optimist wird Hoffnung gar nicht suchen müssen – entweder man hat's oder hat es nicht. Mit diesem Programm ist er groß geworden … gut gefahren bisher. – Suche danach: ihm unbekannt! Guter Rat: von ihm nicht möglich!

Ob sie wirklich mit in die Wiege gelegt wird, wie das genetische Programm der Herkunftsfamilie, ob sie mit der Muttermilch eingeflößt wird, wie die Abwehrkräfte für's Immunsystem?

Es scheint was dran zu sein; denn ohne Zweifel gibt es den »Hans im Glück« nicht nur im Märchen; es leben tatsächlich mitten unter uns jede Menge Sonntagskinder, die nicht klein zu kriegen, die gar nicht Ausschau halten nach dem Stand der Sonne, weil sie immer in ihrem Herzen.

ABER ist dann nicht eine große Gruppe von Menschen auf der Schattenseite, vielleicht sogar bestraft, wie sie es nennen würden …, weil ja nicht alle am Sonntag geboren, sondern auch am Werktag, gar in stürmischer Nacht. –

Jene Angst besessenen Seelen stünden mit leeren Händen da – ihre Sehnsucht unerfüllt! Das kann doch nicht sein. Alles wehrt sich gen solchen Denken und sucht, sucht um so eifriger nach Möglichkeiten, Hoffnung zu erhaschen. Wo?? – Wie??

Bei andern. »Dort kannst du dir welche holen.« – So trösten helfende und mitleidende Menschen viele, die ihre Hoffnung verloren haben. Denn das gibt es auch: dass sie gestern noch dagewesen und heute weg!, einfach davon, wie der Sonne Strahl, der vor Minuten grad noch ein ganzes Zimmer lichtdurchflutet und nun dahin …

»Schau den andern zu!«, raten die Helfer. »Und beobachtet genau, wie die es machen, wie die zu ihrer Hoffnung kommen! – Ihnen mach' es nach!« Dahinter steckt das Wissen, dass Lernen oft zu tun hat mit »Vormachen« und »Nachmachen«: die Eisprinzessin dreht sich auf glatter Oberfläche wie ein Kreisel, und die Kinder machen's einfach nach – unliebsames Fallen hindert dabei nicht, spornt eher an!

Solch' Ratschlag ist wohl gut gemeint, doch in der Tat nicht gangbar, handelt es sich doch nicht um technisches Know-How sondern um seelisches Empfinden. Da ist mit dem bekannten »Man nehme« nichts zu machen.

Die Hoffnung des andern ist nicht meine – der Halm, an dem er sich hält, muss mich nicht tragen ... das Licht, das er schaut muss meinen Augen nicht leuchten. – Hoffnung lässt sich nicht abgeben, auch nicht abnehmen wie das Licht einer Kerze – **Sie steht uns nicht zur Verfügung!**

Was nun? Wie komme ich dann zu meiner Hoffnung, die ich will! ... die ich fast trotzig einfordere, weil der andere ja auch davon erhalten??

Diese Nacht weiß Rat: bietet Antwort, die ganz neu und doch schon ganz alt: Sie heißt: Hoffnung ist nichts Statisches ... ist keine Größe, die bleibt: für immer. Sie ist vielmehr werdend, unberechenbar, stets neu zu suchen, und dann sicher zu finden. Sie ist wie der Wind: kommend und gehend, stets verändert!

In der Konsequenz heißt diese Aussage: ich darf mich nicht auf Dinge oder Menschen auf Thesen oder Ideen fixieren. – Ich darf nichts für endgültig erklären. Tue ich dies, wäre z. B. diese Wurzel vor dem Altar abgeschrieben: totes Holz – zum Verbrennen freigegeben.

Solch Konstatieren ist einerseits richtig, aber nur die halbe Wahrheit, weil es der Hoffnung nicht Raum lässt zum Spielen ... und genau darauf legt sie Wert!

Hätten es die Hirten getan: damals auf dem Feld: – das Thema Messias wäre auf Eis gelegt, das Paradies in weite Ferne gerückt, das Schweigen Gottes weiterhin auszuhalten: der Schöpfer will nichts mehr wissen von dem, was seine Hände einst dem Lehm abgerungen.

ABER sie tun es anders: die einfachen Leute, die oft für dumm erklärt; sie halten Augen und Ohren offen, nicht nur um wilde Tiere zu orten, die ihre Herde reißen, nein auch um wahrzunehmen, was sonst noch geschieht und sind dabei nicht festgelegt, nicht Opfer starrer Überlieferung wie so viele im Lande Juda. Deshalb entdecken sie auch, dass sich am alten Stamm Jesse entgegen üblicher Regel doch etwas bewegt: eine Knospe aufgeht, ein Reis aufblüht, das sie seit Jahren suchen und das Hoffnung schenkt.

Also heißt es auch für uns, Augen auf! … den Blick schweifen lassen, so weit es geht und genau hinschauen, wo denn etwas wird im Lande, wie denn etwas wird im Hause, was denn da wird überall … und mit der Entdeckung des Werdens wird auch sie werden: die Hoffnung, dass die Nacht nicht bleibt … irgendeine Lösung zu finden ist.

Das braucht viel Sorgfalt und großes Aufmerken, damit Sie nicht übersehen: all das Keimende … damit sie nicht kaputt treten: all das zarte … damit sie nicht einfach drüberlaufen, über das, was noch so klein, so ohne Bedeutung zumindest jetzt! Sonst müssten wir mit Marie-Luise Kaschnitz klagen:

Schwarzer Kalender
wieviel Zeit vertan
Frühlinge übergangen
Knospen gering geschätzt
(M.-L. Kaschnitz, Das große deutsche Gedichtbuch,
Athenäum Verlag S. 894)

Übrigens die Gebrüder Grimm haben im Märchen »Die drei Federn« noch eine gute Gebrauchsanweisung, wie man das macht, wie man Hoffnung sich einfangen kann: Da wird erzählt:

Es war einmal ein König, der drei Söhne hatte: 2 Kluge und den Dritten, der dumm war. Nun, da des König's Ende nah' sprach er zu den Dreien: »Wer mir den feinsten Teppich bringt, der soll nach meinem Tod den Thron besteigen.« – Dann blies er drei Federn in die Luft. »Wie die fliegen, sollt ihr ziehen!« Die eine flog nach Osten, die andere nach Westen und die des Dummlings g'rad zur Erde. Da lachten ihn alle aus.

Der Dummling aber setzte sich nieder und war traurig. Und während seine Augen einfach die Erde abtasten, da bemerkte er auf einmal, dass neben der Feder eine Falltüre lag. Er hob sie in die Höhe, fand darunter eine Treppe und stieg eilends hinab. Dann stand er vor einer Türe, klopfte an und hörte, … das ist nun nicht mehr wichtig. Hauptsache, Sie wissen jetzt, wie's geht, dass Hoffnung wird: **Aufmerksam sich umsehen, wo's wird.** Amen.

Credo

Fürbitten:

P. Lasst uns Bitten sagen

V. Hoffnung brauchen Natur- und Umweltschützer
wenn der Mensch Arten ausrottet in Wald und Feld
das Wasser über die Maßen steigt – unverhofft
Wind seine Macht spielen lässt und
alles nicht mehr so einfach ist wie früher …
Hoffnung möge für sie werden – wie die Rose schon für uns geworden

Kantor: (GL 129)
Ros für sie erblüht –
alle: Gott um euch bemüht, Herr erbarme dich
(dabei wird eine Christrose nach vorne gebracht)

V. Hoffnung brauchen Politiker und gesellschaftliche Kräfte,
wenn die Welt nicht mehr klar aufgeteilt in Ost und West,
in gut und böse
alte Regeln außer Kraft gesetzt – einfach so
nur noch Wirtschaft uns bestimmt und nicht mehr Ethos und
alles nicht mehr so einfach ist wie früher …
Hoffnung möge für sie werden – wie die Rose schon für uns geworden

Kantor: (GL 129)
Ros für sie erblüht –
alle: Gott um euch bemüht, Herr erbarme dich
(dabei wird eine Christrose nach vorne gebracht)

V. Hoffnung brauchen Menschen am Arbeitsplatz
wenn täglich Neuer überrascht
Pläne umgeschrieben – immer wieder Stellen gestrichen
und alles nicht mehr so einfach ist wie früher …
Hoffnung möge für sie werden – wie die Rose schon für uns geworden

Kantor: (GL 129)
Ros für sie erblüht –
alle: Gott um euch bemüht, Herr erbarme dich
(dabei wird eine Christrose nach vorne gebracht)

V. Hoffnung brauchen Katholiken,
wenn Traditionen sich auflösen
Weihnachten der Baum wichtiger als die Krippe –
alle Jahre wieder
Taufe und Erstkommunion –
Restauranttermine geworden
und alles nicht mehr
so einfach ist wie früher …
Hoffnung möge für sie werden – wie die Rose schon für uns geworden

Kantor: (GL 129)
Ros für sie erblüht –
alle: Gott um euch bemüht, Herr erbarme dich
(dabei wird eine Christrose nach vorne gebracht)

V. Hoffnung brauchen die Familien,
wenn ihre Mitglieder in alle Winde zerstreut,
Paare auf sich allein angewiesen – heimatlos
Kinder groß werden ohne Vater oder ohne Mutter in der Nähe
und alles nicht mehr so einfach ist wie früher …
Hoffnung möge für sie werden – wie die Rose schon für uns geworden

Kantor: (GL 129)
Ros für sie erblüht –
alle: Gott um euch bemüht, Herr erbarme dich
(dabei wird eine Christrose nach vorne gebracht)

P. Denn jene Rose ist erblüht, damit die vielen Hoffnung suchen
und finden. Amen.

Bereitung

Gabengebet: Brot – aus Saat gebacken … gekeltert: Wein aus Beeren
Gaben, die geworden und noch werden:
jetzt zu Zeichen für den Gott, der Kind,
zu Hoffnung, die stets treibt und keimt
am Tag und in der Nacht. Amen.

Sanktus

Hochgebet: Nr. IV

Vaterunser

Agnus Dei

Kommunion: Chor

Schlussgebet: *(zuerst die Schlussmelodie – leise – von GL 132)*
… wohl zu der halben Nacht
erblüht das Reis, das Menschen Hoffnung bracht.
Für's Wort der Deutung Danke, Herr,
auch für das Mahl,
das nährt und Zukunft keimen lässt.

So geh'n wir gerne in die Welt
auch in die Nacht
und geben Acht,
wo's wird, was Weihnacht uns gebracht. Amen.

Segen: Der große Gott, der heut' so klein
ER möge Euch ein Segen sein

Und hüte den, der Ausschau hält,
wo Rose, Licht gar Hoffnung in der Welt

Und wie Sein Schnee das Werden, Wachsen hegt,
so sei auf Euch Sein feuchtend' Blick gelegt

Es wird dann Hoffnung – oft so klein
für's Leben stets Begleiter sein:
nie mehr vergeh'n,
immer wieder neu entsteh'n.

Das will Gott Vater … sagt: es werde
Das will Gott Sohn … er sagt: ich komme
Das will Gott Geist in … sagt: es blühe. Amen

Auszug

Is' hier noch was frei ? –

Ziel: *Hörer vermitteln: Wenn ich will, dass Gott bei mir Herberge finden kann, muss ich bereit sein, bisherige Gottesbilder umzubauen, sonst übersehe oder überhöre ich ihn.*

Wie kommen wir an ihn ran – besser gesagt, was müssen wir unternehmen, damit er zu uns kommt, der neue Fußballstar bei Inter Mailand mit Namen – unwichtig – seine Beine sind viel interessanter. Und genau die brauchen wir! Trainer, Sponsoren und Vorstand des Vereins beraten hinter den Kulissen – Diplomatie ist angesagt, geheimes Vorgehen, damit nicht Turin oder gar Deutsche schneller sind und ihn vor der Nase wegschnappen: den neuen Star am Fußballhimmel!

Wie kommen wir an ihn ran … Fragen nicht nur für Fußballprofis – Fragen auch für jeden Gottsucher – und dazu gehören Sie und ich auch – weil wir mitten in der Nacht – verrückte Zeit!!! – aber auf was lässt man sich nicht alles ein! … aufgebrochen sind, um zu suchen … Wie Hirten und Weise aus dem Morgenland sind wir auf dem Weg, den zu finden, von dem wir uns soviel versprechen! Wie kommen wir an ihn ran? – Was müssen wir tun, damit er kommt, damit er sich eingeladen fühlt! –

Warten, wird der alte Schäfer Natanael sagen …, das habe ich auch gemacht: jede Nacht gegrübelt – draußen auf dem Feld – ob es ihn wohl gibt: den Gott der Juden, ob er noch alle Fäden in der Hand hat oder ob ihn auch schon die Römer ausgetrickst haben? – Manchmal – ich sag' s frei heraus – rechne ich nicht mehr mit ihm … Tempel unter römischer Herrschaft: er hat's zugelassen …, Hohepriester, die nach Rom schielen, statt nach dem Ewigen Ausschau zu halten, er hat sie nicht entfernen lassen …, Angehörige seines Volkes, die schon »Heil Augustus« rufen …, sie sind nicht tot umgefallen!! Sie treiben's weiter ...! Warten ..., das müsst ihr ..., und grübeln und stillhalten und warten ..., wir tun's auch! Noch in dieser Nacht!

Weise aus dem Osten waren damit nicht zufrieden ..., sie konnten nicht ruhig sitzen bleiben auf ihrem Teppich. – Sie mussten was unternehmen: Warten kann nicht nur passiv geschehen ..., man wird dabei verrückt!! -Also suchen und forschen ..., ob es ihn gibt: den König des Alls ..., andere fragen, nach den Sternen greifen und von ihnen Antwort erhoffen: Also hielten sie Ausschau und setzten ihre Hoffnung auf Astronomie und Astrologie: es hat geholfen – wenigstens die Langeweile war weg und das nächtelange Grübeln fand ein Ende ..., ein neuer Stern, das muss etwas bedeuten ..., das macht neugierig ..., dem nachgehen und weiter suchen ... Ob das für uns noch gilt, die längst viel nüchterner geworden? – Doch ja! – Astrologie blüht in jeder Illustrierten, in jedem esoterischen Laden ..., viele suchen dort, wie die Weisen aus dem Morgenland ..., viele lesen in solchen Büchern, auch noch in dieser Nacht!

Was können wir tun, damit er kommt? Damit wir ihn sehen wie Josef und Maria, wie Simeon und Hanna, die uralte Frau hinter dem Tempel?

Einen Wunschzettel schreiben, wird der kleine Christian mir empfehlen: Schreib doch einfach dem Christkind, es soll dir nicht irgendwas bringen: keine Eisenbahn, kein PC, keine Puppe ..., nein, es soll selber kommen: ganz kurz mal Platz nehmen bei dir in der Wohnung, und du kannst es dann alles fragen, was du wissen willst: ob es dich mag? – Ob du mal zu ihm in den Himmel kommst, warum die Leute manchmal böse sind ...! Ich hab ihm auch geschrieben, dem Christkind, und es hat meinen Brief immer abgeholt – weißt du: morgens war er einfach weg vom Fenster ..., und dann hat es meine Wünsche erfüllt ..., am Hl. Abend hab ich alles gekriegt ... Warum soll es deine Wünsche nicht erfüllen?

Ja, warum nicht? – Da hat der kleine Christian schon recht: Ich muss zum Ausdruck bringen: Gott, ich brauche Dich, ich will Dir begegnen, sonst fühlt er sich nicht eingeladen ... Ich muss wirklich wollen, dass er kommt, und ich muss wissen, was ich von ihm will, was er mit mir anstellen soll ..., einfach so auf der Bildfläche erscheinen, wer tut das schon ...?

Niemand geht ohne Grund zum anderen, auch nicht in dieser Nacht …

Was tun, damit ER kommt? – Da ist noch was zu bedenken, fällt mir ein, etwas, das damals schon schiefgegangen, nicht bedacht wurde, obwohl es die Warnung gibt!! Vorsicht, Falle!! – Obwohl das Alte Testament schon deutlich hinweist auf diese Bedingung: Du sollst dir kein Bildnis machen … von dem was droben im Himmel oder auf der Erde unten oder im Wasser unter der ist (vgl. Ex 20,4) – kurzum kein Bildnis von Gott und keins von den Menschen machen. Das ist ganz wichtig, manchmal geht es dir wie den Leuten von Betlehem: Sie haben den Messias erwartet und schlagen den Bettlern die Türe vor der Nase zu: kein Platz mehr! – Gott war draußen!

Sie haben ein Königskind erwartet, geboren im königlichen Palast und überhörten das Schreien eines Säuglings in der Futterkrippe. Gott war draußen. Sie haben einen Kriegshelden erwartet, der mit Feuer und Schwert Rom in die Schranken weist-– und überhörten den Gesang der Engel: Friede den Menschen, nicht Krieg! – Gott war draußen!

Sie hatten ein festes Bild: so muss er sein! So muss er aussehen! Da gab es nie Zweifel! – Und wenn er nicht in dieses Bild passt: dann schreien wir »hinweg mit ihm, Verbrecher! Ans Kreuz!« (vgl. Lk 23,21)

Das kann uns auch passieren – in dieser Nacht – wenn er nicht in unser Bild passt, bleibt die Türe zu …, wenn wir irritiert werden, schlagen wir zu, nicht nur die Tür und leisten Widerstand!

Er hat dann wirklich keine Chance …, wie denn auch? Obwohl das 2. Gebot warnt und wir es kennen, obwohl dieser Gott stets ganz anders erschienen und erscheint, nachzulesen in der Schrift …, nehmen wir solches kaum zur Kenntnis, übersehen das STOP-Schild.

Manchmal denke ich mir: wir reden heute so schnell von gottloser Welt, von säkularisierter Gesellschaft und sind bei solchem Urteil so geblendet wie die in Bethlehem …, vielleicht ist ja Gott da – nur anders als bisher vermutet! Vielleicht wirkt er unverändert fort – nur nicht so, wie wir es ihm vorschreiben.

Vielleicht sind Menschen weg von der Kirche, weil sie nicht blutlose Bilder und Gott-losen Glauben wollen und weil sie den Unbekannten ganz woanders gefunden, eben nicht in der Kirche – eben nicht in Jerusalem, eben vor den Toren der Stadt, inmitten der Welt, bei den Moslems, bei den Ratlosen, bei den – ich weiß nicht wo!

Wenn du willst dass ER kommt, wenn du willst, dass du ihn nicht übersiehst, musst du mutig alte Gottesvorstellungen über den Haufen werfen … – Schnee von gestern, musst du damit rechnen, dass er ganz anders ist, eben grad ein schreiendes Kind …

Ich finde das eine wahnsinnige Herausforderung für arrogant gewordene Kirchen und Gemeinden, die glauben: sie hätten IHN – Wir haben ihn nicht!! Denn er geht ständig anders zu den Menschen und fragt sie: Is' hier noch was frei? … So frage ich auch in dieser Nacht für IHN: Is' hier noch was frei – in dieser Stadt?

Gerettet

Ziel: *Die Rettung, von der im Evangelium die Rede – in Liedern auch – besteht darin, dass das Kind uns wie im Spiegel zeigt: wir sind Menschen, zerbrechlich, verletzlich, sterblich …, brauchen Obhut und Sorge wie kleine Kinder …*

Liebe Christen,
Blaulicht – unerwartet in der Nacht – irgendwo aufgetaucht: ganz grell! Dazu dieser schrille Ton – er geht durch Mark und Bein, lässt Autos anhalten, zur Seite scheren, damit der Rettungswagen durch die Gasse kommt und sein Ziel erreicht. – Drinnen Sanitäter, Ärzte – kurz Retter genannt – die nichts anderes im Sinn haben als den Menschen zu helfen, sie aus den Fängen des nahen Todes zu retten. Es wird einen Kampf kosten!

Um Rettung geht es auch in dieser Nacht – zumindest haben wir davon gesungen, dass der Retter erschienen, dass Erlösung jetzt zum Greifen nah!

Aber wovor retten? – Wie heißt die Not? Und was soll er tun, der hier liegt als Kind, hilflos – selbst auf Hilfe angewiesen, dazu nur aus Holz, aus Gips, gar aus Wachs? Die Not des Alltags wird er gewiss nicht wegnehmen! – Auch morgen haben Arme ein leeres Bankkonto, wird der Kranke sich mit seinen Schäden herumschlagen, wird der verlassene Partner alleine sein. – Das Kind von Betlehem wird nicht Abhilfe schaffen. Selbst Tod, es wird ihn weiter geben – auch wenn Weihnachtslieder anderes behaupten!

Und doch trägt das Kind den Namen Retter – vom Engel einst vorgeschlagen. Dann muss er ihm doch Ehre machen und retten. – Aber wen oder was?

Theologen geben vor, er rette uns vor Schuld, er nehme weg, was auf Menschen-Schulter lastet – was nicht schlafen lässt ... das Gewissen auf den Plan ruft. – Davon wird er uns befreien, behaupten sie und verweisen auf die späteren Zusagen des Auferstandenen, dass er alle Sünden vergibt. – Auf dem Hintergrund des alten Israel mag das stimmen und tatsächlich rettende Tat sein für Menschen, die in solchem Gedankengut zu Hause. – Aber dort sind die meisten von Ihnen nicht mehr. – Wer weiß um Sünde und was das ist, wer beschäftigt sich mit dem als Kinderkram abgetanen Lehrgebäude? ... Es fehlt dazu Erfahrungshorizont ... doch der Retter bleibt. Er macht in meinen Augen auch Sinn auf anderem Hintergrund. – Ich denke, wir leben in Zeiten, die dem Menschen nicht gerecht werden, die so tun, als seien wir alles andere als Menschen: Wesen ohne Gefühl, ohne innere Uhr, ohne Bedürfnisse – einfach nur Roboter: einsatzbereit wie der Rettungswagen, Tag und Nacht zur Verfügung, den Apparaten angeglichen – geschmeidig wie dünnes Blech – biegbar für alles, was gebraucht wird. – Zellenkonglomerate ohne Seele – ohne Leib: der hindert, wenn er kränkelt, leidet, schreit. – Wir sind Sklaven geworden, sogar Opfer. – Wie einst die Turmbauer von Babel (vgl. Gn 11, 4 ff), leben wir über unsere Verhältnisse – und das meint nicht nur das finanzielle Budget. Auch in anderen Bereichen leben wir über jedes gesunde Maß, machen wir uns selber fertig.

Da braucht es wirklich einen Retter, jemanden der uns mutig den Spiegel vorhält, der »Stop« ruft und einlädt zum Nachdenken, zur Kurskorrektur.

Und diese Macht hat das Kind: immer noch! – Es rettet vor dem Größenwahn, der uns befällt. Es lädt ein, das zu werden, was es selbst geworden: ein Mensch – kein Übermensch! – Pädagogen sprechen in solchem Kontext gerne von Vorbildfunktion … Und die hat der Knabe aus dem Stamm David … Er lädt doch ein, die Ordnung des Unmenschlichen zu beenden. Einfach Schluss zu machen mit dem, was uns nicht gemäß, was Menschen schadet. – Wer den Mut dazu findet, wird Erlösung erfahren – Erlösung vom Größenwahn, von dem ständigen »Schneller«, »Besser«, »Mehr«, von allem Maßlosen … er wird sich wieder entdecken als Mensch, der zärtlich und zerbrechlich, der wertvoll und wichtig, der so ganz anders, als das Kapital ihn sieht. – Johannes der Täufer bringt später den Vergleich des Krippenkindes mit einem Lamm – das braucht Pflege und Sorgfalt, das ist nicht hart wie Kiesel (Jes 50, 2), das will auf Händen getragen werden.

Solche Botschaft geb ich gerne weiter in dieser Nacht: dass da ein Retter wartet … dass da Auswege in Sicht. Der Rest ist Ihre Sache – Ihr Einlassen auf das Angebot Gottes, Ihr Griff nach dieser rettenden Hand, Ihr »Ja« oder »Nein« ist nun gefordert, ob Sie die Hilfe annehmen, das Vorbild nachahmen, die Rettung erfahren oder ob Sie lieber alles beim Alten lassen, die Fleischtöpfe Ägyptens doch lieben, auch wenn ihr Preis sehr hoch. Wenn Sie mich fragen, aber das ist nicht gefragt: sondern Sie!

Damit Sie noch Zeit haben zum Nachdenken, schenke ich Ihnen ein Bild von diesem Jesukind: Schauen Sie es in Ruhe an – und vergessen Sie nicht: Das ist ein Spiegel: darin könnte ich sein – ein Mensch – kein Unmensch, Amen.

Auf der Suche

Ziel: *Den Hörern vermitteln: der Mensch ist seinem Wesen nach ein stetiger Wanderer ... Nomade auf der Suche nach einem »neuen« Zuhause bis zum Tag seines Todes ... Will er Mensch werden und bleiben, muß er diesem Existential gerecht werden und sich immer wieder in die Fremde (Situation) begeben – das Wissen darum hilft auch den sogenannten Fremden (Ausländern) anders – solidarisch – zu begegnen.*

Liebe Gemeinde

» richtig daheim waren wir nie« ... Mit diesem Titel ist 1987 ein Buch über die neuere Geschichte unseres Saarlandes erschienen. Darin schildern die Autoren den stetigen politischen Wechsel der Menschen hier in unserer Heimat. Einst war sie von den Preußen beherrscht, sozusagen ihre letzte Industriekolonie, und die damaligen Herren waren an der Kohle interessiert, weniger an den Menschen des Landes.

Nach dem Ersten Weltkrieg wurden unsere Großeltern Franzosen und zogen 1935 mit wehenden Fahnen wieder zu den Deutschen ... »Heim ins Reich« ... hieß die Parole, wobei oft nicht klar war, wollten sie den neuen Führer oder die deutsche Identität.

Es kam der Zweite Weltkrieg, und die Saarländer mußten mit nach Rußland und Polen, nach Frankreich und Spanien, überall waren sie ... nur wieder nicht daheim.

1945 kamen die Franzosen dann wieder zurück und hißten bei uns ihre blau-weiß-rote Flagge, bis 1957 die Saarländer wieder für den Wechsel stimmten: Heimkehr in die neue deutsche Bundesrepublik. Ob sie jetzt daheim sind, die Menschen rechts und links an der Saar ...?..

Nicht nur den Saarländern ist solches Schicksal beschert. JEDER Mensch ist Wanderer, ständig auf der Suche nach seiner wahren Heimat.

Wie klagt der Verfasser im Hebräerbrief: Wir haben hier keine bleibende Statt. Hebr 13,14

In der Tat fängt es bei der Zeugung schon an: das Wanderleben durch die Welt. Denn die befruchtete Eizelle marschiert sozusagen los und sucht sich ihr Nest irgendwo in der Gebärmutter. Dort will sie ein Zuhause finden und in Ruhe leben können, mehr noch: wachsen und gedeihen.

Neun Monate wird der Mensch so etwas wie Heimat haben. Gott sei Dank. Vielleicht die Heimat schlechthin, nach der sich der Erwachsene oft zurücksehnt. Jedesmal, wenn wir im Bett liegen mit angezogenen Beinen, zusammengekauert wie ein Embryo, dann überkommt uns die Sehnsucht nach dem mütterlichen Paradies.-Doch der Engel steht davor, das Flammenschwert fest in der Hand. Es gibt kein Zurück! Mit der Geburt ist die Ur-Heimat dann vorbei. Die zweite Wanderung beginnt:..mal in die Arme der Mutter, mal auf den Schoß des Vaters, mal ins warme Bett, mal in die Kälte vor der Tür, mal in den Kreis der ersten Freunde, mal zu den Nachbarn. Das Kind sucht seinem Platz im unmittelbaren Umfeld, will dort Heimat finden und einen Ort, wo es ohne Alpträume schlafen kann, mehr noch: wo es sich verstanden und ganz angenommen fühlt. Der Wunsch wird in der Regel auch erfüllt …

Bis zu dem Tag, da neuer Aufbruch angesagt; denn der Weg in die weite Welt steht bevor, das Leben lockt … verführt … Dort mußt du deinen Platz finden, dort willst du eine Heimat haben. Und manch einer schmiegt sich auch bald an eine Frau, an einen Mann; die Wärme des anderen ist neue Heimat, ein Ort, wo Angst reduziert, wo die Lust am Leben wächst – bis zum nächsten Aufbruch: Irgendwann stehen Koffer wieder gepackt vor der Türe, nehme ich Abschied von Kollegen, von Nachbarn, vom bisherigen Lebenspartner, von Vereinen, von Parteimitgliedern und suche … Tausendmal passiert es jeden Tag, daß Menschen unterwegs, irgendwo und irgendwie auf ihrer Reise, genauer auf der Suche nach einem Platz, wo sie noch besser leben können.

Dem Kind, das in dieser Nacht in Bethlehem geboren, geht es nicht anders. Seine Eltern suchen auch eine Heimat für ihn und für sich.. und finden nichts. – Doch, einen Stall! Irgendwo vor der Tür des Lebens. Gott will seinen Platz in dieser Welt – auch er braucht Heimat bei den Menschen.

Der Neugeborene wir später seinen Landleuten am See Genezareth davon erzählen, daß Vögel ihre Nester haben, Menschen nichts dergleichen. »Der Menschensohn weiß nicht, wo er sein Haupt hinlegen kann.« Mt 8,20

Und ich kenne viele, die ihm zustimmen, manchmal mit Tränen in den Augen. Ob das nie aufhört? – Ob ich immer wieder Heimat suchen muß? Kann ich nicht einmal das sagen, was ich über dem Sofa eines alten Bauernhauses gelesen habe: »Hier bin ich, hier bleib ich, hier ruh ich mich aus, hier ist meine Heimat, hier bin ich Zuhaus«?

Friedrich Nietzsche, der ewig skeptische Philosoph, weiß genau: Nein! – das wirst du niemals aussprechen können und schreibt dann: »Die Krähen schreien und ziehen schwirren Flugs zur Stadt, bald wird es schneien, weh dem, der keine Heimat hat.« (Aus: Vereinsamt – Gedichtband 585)

Der Dichter geht davon aus, daß letztlich niemand eine Bleibe hat, auch wenn er Wohnung oder gar ein Haus sein Eigen nennt, denn Heimat ist nur da, wo ich verstehe und verstanden werde (Hermann Hesse) ... und das ist selten!

Der neugeborene Jesus wir später das Gegenteil von Nietzsche predigen. Er wird die frohe Botschaft kundtun. Mensch, dein Wandern findet ein Ende. Wenn der letzte große Aufbruch angesagt, wenn du dich verabschiedest von allen und allem, was dein Augen bisher gesehen, dann wirst du bei deinem und meinem Vater ankommen. SEINE Arme sind unsere wahre Heimat. » In meines Vaters Haus sind viele Wohnungen ...wenn ich hingegangen bin und euch dort eine Stätte bereitet haben, dann hole ich euch zu mir, damit auch ihr dort seid, wo ich bin« Joh 14,2-3

Damit tröstet er bei seinem letzen Abschied die Menschen, die er zurückläßt.

Menschsein heißt Nomade sein .... Wanderer durch die Welt und durch die Zeit. Damit steht Jesus in der Tradition SEINER Väter und lebt den Juden auch konkret vor, was sie in ihrem Credo bekennen: »Ein umherirrender Aramäer war mein Vater« – in der Lesung war die Rede davon – ein Umherirrender war der Messias auch.. mal in Judäa, mal in Galiläa, mal in Jerusalem, mal in Betanien anzutreffen: ohne festen Wohnsitz, Dauerasylant.

Ich find das einerseits eine frohe Botschaft: zu wissen, als Mensch bin ich ein Reisender, jemand der durch´s Leben wandern darf, nicht verurteilt ist, an einer Stelle zu bleiben wie der Baum oder gar auf der Stelle zu treten wie der Panther im Zoo, dessen Elend Rilke beschrieben hat. Ich bin ein Mensch, der Neues entdecken darf, und Neues probieren kann … immer wieder … der hierhin kommt und dorthin fährt.

Diese Abwechslung, dieses stetige Unterwegssein, das macht Leben so reizvoll und so lebenswert; selbst wenn ich durch Schluchten wandern muß, und dem Gewitter im wahrsten Sinn des Wortes aus dem Weg gehe.

Schwierig wird es nur für den, der hocken bleibt, der nicht gehen will. Er lehnt es letztlich ab, Mensch zu werden, wird leicht starr und unbeweglich, tatsächlich eine Salzsäule – manchmal sogar an der Körperhaltung erkennbar – wie die Frau des Lot, weil er sich dem Wandern und Weitergehen verweigert. An ihm wir sich dann auch das Wort Jesu leider erfüllen: »Wer an seinem Leben hängt, der wird es verlieren.« Lk 17,32

Wer nicht vor die Türe tritt, er wird den Wind nie spüren und den Himmel nie richtig wahrnehmen in seiner Weite. Er hat schon manchmal Recht der Mann aus Nazareth.

Übrigens, wenn Menschsein erlebt und definiert wird als »Auf dem Wege sein« – nicht umsonst fragen wir sogar im Alltag: » Wie geht es?«-, wenn Menschsein immer wieder Heimatlosigkeit, Aufbruch, Fremde und Angst vor dem Neuen beinhaltet, und wenn ich das selber an mir auch intensiv wahrnehme, dann werde ich auch dem sogenannten Fremden, der einem anderen Volk angehört und der eine andere Sprache spricht anders begegnen und ihn anders sehen können. Er ist dann nicht nur fremd, nicht nur vom anderen Stern, er hat eins mit mir gemeinsam: ein Mensch auf der Suche nach Herberge … Es wird mir leichter fallen, sein Unterwegssein zu verstehen, wenn ich meins auch erkenne. Solidarität geht dann schneller.

Am Ende des Gottesdienstes werden wir auch wieder aufbrechen, hinaus in die Nacht gehen und neu nach Heimat suchen, auch morgen und in den Tagen nach dem Fest. Ich wünsche uns, daß SIE dann mitzieht: die HOFFNUNG dieser Nacht, daß eines Tages das Nomadensein ein Ende hat, daß die Tränen und die ewigen Abschiede aufhören, daß Leid gestillt wird, und Dunkelheit dem Licht einfach weichen muß.

Diese Hoffnung erhält an Weihnachten neue Nahrung. Und damit Sie es nicht vergessen und nicht so schnell schlapp machen, schenke ich Ihnen einen Proviantbeutel – Miniausgabe natürlich – und die Musik der Schwarzen, die aus Afrika verschleppt wurden und neue Heimat in den Vereinigten Staaten gesucht.

Und ich hoffe wir kommen alle an … daheim … eines Tages.

Menschwerden heißt Hirte werden

Ziel: *Ich will meinen Hörern vermitteln: Mensch-werden, das heißt Hirte werden für sich selbst und für andere Lebewesen. (Mensch, Tier, Pflanzen)*
Am Beispiel Jesu, der heute geboren, wird dies deutlich. Er ist Hirte für sein Volk Israel.

Liebe Gemeinde
»Was möchtest du denn einmal werden«, so haben die Großen, mich, den kleinen Herbert gefragt. Alle wollten es wissen, die Oma, die Tante Maria, der Pate, der Freund der Eltern …

Es erschien ihnen furchtbar wichtig und schrecklich interessant, denn immer wieder tauchte sie auf, diese Frage: »was willst du werden?« … Und wenn ich dann geantwortet:« ich will Koch werden«, denn die Töpfe mit ihren Inhalten waren für mich so verheißungsvoll, oder »ich will Bauer werden«, denn mit den Kühen über´s Land ziehen und die vielen

Maschinen der Landwirtschaft bedienen, das war für mich faszinierend. Dann waren sie vorerst zufrieden, die großen Leute und sie ließen mich wieder in Ruhe weiter spielen.

Was willst du werden, sie fragen es immer noch die Großen heute wie damals. Und sie erwarten als Antwort das, was man so werden kann: Arbeiter oder Beamter, Hausfrau oder Sekretärin, Vater oder Mutter, und sie wären völlig überrascht, wenn da jemand erwiderte: Nichts, will ich werden, gar nichts, nur ein Mensch. Der Fall ist nicht konstruiert; er ist tatsächlich einmal so passiert: In Betlehem um das Jahr Null, als der Gott Israels nichts anderes im Sinn hatte, als Mensch zu werden, sonst nichts. Völlig überrascht ja erschrocken schreibt die Bibel, waren Herodes und mit ihm ganz Jerusalem. Ich kann es gut verstehen, denn damit gerät ein ganzes Weltbild aus den Fugen. Alles, was bisher wichtig: der Beruf, der Titel, der Status in der Gesellschaft, die Autorität, das Ansehen bei den Nachbarn, all das ist plötzlich unwichtig, spielt überhaupt keine Rolle mehr. Du mußt nur Mensch werden. Das riecht ja tatsächlich nach Revolution, nach Chaos, nach Anarchie. Herodes mußte Soldaten schicken, der konnte nicht anders. Ich kann´s ihm nicht verdenken, auch wenn´s mir leid ist um die Köpfe der kleinen Buben, die dann rollten.

Doch die Botschaft der Mensch-werdung, löst auch angenehme Gefühle aus. Bei mir und ich hoffe auch bei Ihnen. Plötzlich erhält ja unsere Sehnsucht nach einem menschlicheren Leben, nach einem menschlicherem Miteinander neue Nahrung. Bei diesem Gott muß wirklich keiner etwas besonderes sein – kein Großer, kein Gelehrter, schon gar kein Unschuldiger, wirklich nur Mensch. Spüren Sie, wie diese Botschaft Sie ent-spannt? Spüren Sie, wie Sie aufhören vorsichtig zu sein nicht mehr in hab-acht-Stellung sind und ihr Maske ablegen, wie Sie ganz ruhig werden können und einfach still dasitzen?

Aber – was ist das: ein Mensch?

So fragen wir schon bald. Und dann wird´s wieder spannend. Denn es gibt tausend Sorten, dicke und dünne, Männer und Frauen, Verbrecher und Heilige, Linke und Rechte, Mörder und Friedensstifter. Wer von ihnen ist der richtige Mensch? Denn alle diese Gegensätzlichkeiten, die passen wohl schlecht unter einen Hut, entweder ist dieser ein Mensch oder jener, aber beide gleichzeitig das ist wirklich verwirrend für den, der Mensch werden muß. Wer oder was, oder wie muß ich´s den anstellen, wenn ich das richtig machen will? Die Frage ist nicht nur berechtigt, nein sie beschäftigt jeden von uns: den Jugendlichen, der noch das Leben vor sich hat. Den Erwachsenen, der wieder neue Orientierung will. Den Alten der dem Ende nahe ist. Ob es überhaupt eine Antwort gibt. Eine hundertprozentige, so denke ich, wahrscheinlich nicht. Aber ein faires Angebot vielleicht: von dem gleichen Gott, der in dieser Nacht Mensch wurde. Schauen wir uns doch einfach in Ruhe an, was aus dem Kind geworden ist: ein Hirte, nichts anderes. 1. Hatte er das im Blut. Denn, David, der Ahnherr seiner Familie war Hirte auf den Fluren von Bethlehem. Und 2. Wurde er in dieser Nacht hineingeboren in die Welt der Hirten und 3. Wird er später von sich selber behaupten: ich bin der gute Hirte, der die Schaft hinaus führt, nicht hereinlegt. Und die, die er als Freunde um sich sammelt, lädt er ein, Hirte zu werden und die Schafe zu weiden. Das, denke ich, ist der Schlüssel: Mensch werden heißt nichts anderes als Hirte werden. Jemand sein, der hütet und schützt, der pflegt und soviel Raum gewährt, daß andere wachsen können und ihre Angst verlieren. Ich denke Jesus greift bei diesem Modell von Mensch zurück auf ganz tiefe Sehnsüchte in mir, in Ihnen. Schauen Sie mal den Kindern zu, wie die Hirte sein können: mit welcher Liebe sie den Hirschkäfer, der auf dem Rücken liegt wieder auf die Beine stellen, wie sie ihr Brot teilen mit der Katze oder mit dem Hund, wie sie die Blumen gießen und ihnen Mut zusprechen, wenn sie in der Mittagshitze ihre Köpfe hängen lassen. Da, denke ich, kommt noch unverdorbenes Mensch-sein durch. Hirten sein, sich sorgen um das Leben und niemand hat´s ihnen beigebracht: den Kleinen, das ist ihnen mit in die Wiege gelegt. Nichts anderes will uns Gott in dieser Nacht sagen: Laßt den Hirten in euch wieder wachsen und leben, von Anfang an war er ja da, seit der Geburt geschenkt. Die Welt braucht ihn.

Die Wälder sterben und halten Ausschau nach jemand, der sich um sie sorgt. Willst du mein Hirte sein? Als müdes Raunen geht ihre Frage an unser Ohr. Was geben Sie zur Antwort?

Die Erde wird vergiftet und ausgelaugt, zersiedelt und zertreten, sie ruft nach jemand, der sie, die nährende Mutter, wieder gesund pflegt, mehr noch: sie achtet und hütet, wie seines Auges Stern. Hören Sie ihr Bitte? – Sehen Sie ihre vielen Falten?

Scharen von Tieren sind ausgewandert, ausgestorben, oder kommen nicht mehr zu uns zurück. Wir haben ihre Wohnungen zerstört, ihre Jungen gejagt, sie selbst nur nach Kilo Lebendgewicht berechnet und nicht mehr entdeckt, daß ihre Augen Tränen vergießen, genau wie unsere. Wir haben nicht mehr gesehen, daß sie fragend auf uns schauen: Bist du kein Hirte mehr, kein Hüter? Hast du aufgehört Mensch zu sein? Bist du nur noch Fresser, Zerstörer?

Flüchtlinge ziehen durch die ganze Welt. Sie suchen Herberge, wie damals Josef und Maria. Es sind Türken und Tamilen, Perser und Chilenen. Es sind jeden Tag neue, die sich nicht verstanden fühlen, nicht geborgen wissen in ihrem Land, in ihrer Verwandtschaft, in ihrer Gruppe, ob wie sie hüten und pflegen, ob wir ihr Hirte sein wollen. Wollen wir es? Was geben Sie zur Antwort?

Die Menschen im Osten: Polen und Russen, Tscheschen und die Völker des Balkan, sie möchten wissen, ob wir immer noch Eroberer sind, wie damals als die großen Kriege kamen. Möchten erfahren, ob wir wiederkommen und niederbrennen und morden und schießen, oder ob wir nicht ihr Hirte sein können, der ihnen den Raum läßt zum wohnen und der sie achtet, so wie sein eigenes Leben?

Und wir fragen sie, ob sie nicht auch für uns Hirte sein können, Menschen vor denen wir uns nicht fürchten, sondern die wir an uns heranlassen, damit sie uns beschenken mit ihrer Nähe, mit ihrer Kultur, mit allem, was Mutter Erde ihnen geschenkt hat.

Hirte kannst du werden. Hirte darfst du werden. Und wenn du diesem Auftrag nachkommst, dann wirst du Mensch, ein voller, richtiger, ein solcher, wie Gott ihn vor Augen hatte, damals als er Erde genommen und den Adam und die Eva gebildet und ihnen Lebensatem durch die Nase geblasen. Lang ist`s her seitdem und viel Zeit ging übers Land. Zeiten, in denen die Frage: Wie werde ich groß und mächtig und die Nummer Eins im Land die wichtigste Frage war. Und diese Frage hat die Menschen so sehr in Atem gehalten, daß sie kaum merkten, wie allmählich Oberhirten kamen und aus den übrigen Hirten Schafe machten, mehr noch: Lämmer, die geschlachtet würden für die wahnwitzigen Ideen der Großen.

Sie können das ändern, schon heute, schon in dieser Nacht. Sie müssen einfach aufhören Schafe zu sein, sie müssen aufhören, treu denen hinterher zu trotten, die sagen, wo´s langgeht, meistens geht`s ja doch nur an`s Messer. Sie müssen aufhören, stumm und passiv dazusitzen und alles mit sich machen zu lassen. Sie sind keine Schafe. Sie sind Hirte, jemand, der die Augen aufmacht, der den Wolf kommen sieht, der sich dagegen wehrt. Sie sind jemand der hütet und schützt, so wie der es vorgemacht hat, der heute geboren wurde. Dann werden sie entdecken: die Welt braucht mich immer – auf Hirten ist sie angewiesen. Deshalb schenke ich Ihnen ein kleines Schaf aus Wachs, damit Sie es hüten und liebgewinnen … vielleicht hilft das, Ihre Hirtenaufgabe neu zu entdecken. Amen.

Tiefgang

Ziel: *Hörer vermitteln: Weil Gesellschaft derzeit auf der Stelle tritt – immer schneller zwar – braucht es neue Impulse, um weiterzukommen. Einen solchen Anstoß bietet uns Gott in dieser Nacht an: TIEFGANG.*

Liebe Christen,
Thomas läuft jeden Dienstag. – 20.00 Uhr geht's los! – Nein! Nicht draußen um den Block drinnen: im Fitnesscenter, grad neben seiner Firma: sicher vor Regen und Kälte … Dusche sofort um die Ecke … im Preis inbegriffen.

Krawatte und Anzug am Nagel läuft der Erleichterte Kilometer für

Kilometer – und doch tritt er – auf der Stelle. Ein Gummiband macht's möglich! Zwingt seine Beine … mal schneller … mal langsamer adäquat zu antworten – sonst ist er weg vom Fenster, nein durch's Fenster: grad gegenüber.

Schweiß tropft von der Stirn … die Zunge hechelt nach Wasser … das Herz klopft, schlägt, probiert seine Grenzen … wie weit kann Thomas laufen? Wie hoch treibt er heute den Puls?

Digitale Technik informiert seine Augen – Irgendwann ist die Puste dann alle – Band bitte abschalten!

Thomas treibt dieses Spiel nicht nur dienstags. – Er tut's jeden Tag, stündlich genau genommen. Beim Aufstehen geht's schon los: schnell in die Dusche, Socken, frisches Hemd, in der Linken noch Tasse heißen Kaffee's, in der Rechten: Schlüssel, Mantel … Kuss für Kind, Frau: Tschüss!! … und »Wie bitte?« – Er hat es nichts mehr gehört! – Schon weg.

Los geht's … bis zum Abend, zuweilen bis in die Nacht, vielleicht jetzt noch »im Dienst«. Thomas fühlt sich getrieben: von der Firma, vom Ehrgeiz, vom Neid, vom Vorwärtswollen – wer hat das bloß einprogrammiert in sein Lebensschema?

Er weiß sich gejagt von der hektischen Zeit, vom Kalender – übrigens, sein Jüngster hat jetzt auch schon Termine. Sieh', wie lernfähig der Kleine doch ist!

Liebe Christen was da im Fitnesscenter jeden Tag geschieht: in Frankfurt, in Hamburg, Berlin, in Los Angeles, Oakland und Tokio – es ist Symptom für eine ganze Welt, sodass Hilde Domin, jene alte Dame mit dem Koffer voller Poesie, für uns notieren kann:

Wir sitzen in einem Zug
niemand fragt, ob wir
aussteigen wollen
und fahren auf eine Brücke zu
und die Brücke wird brechen
Diese Brücke oder die nächste
wird brechen

Wie weh Du mir tust
wie weh ich Dir tu
wo wir dahinfahr'n
in solcher Eile
auf eine Brücke zu
die nicht tragen wird.

Aus: Hilde Domin, »Der Baum blüht trotzdem«,
Fischer-Verlag, S. 52

In der Tat wird sie nicht tragen. Da stimmen Ärzte, Pädagogen – sie haben gerade ein hohes Anwachsen psychosomatischer Beschwerden bei Kindern festgestellt – Therapeuten und der ganz normale Menschenverstand der alten Dame zu.

Die Opfer werden täglich gebracht – man hat sich daran gewöhnt oder ... wir haben uns abgewöhnt zu merken, wie Alice Miller festgestellt. Nur manchmal zucken Augenlider, und das Gegenüber entlockt uns – vielleicht – ein schwaches: »So ist es halt!« oder »Da kann man eh' nichts machen!« Doch! Achselzucken! Sonst nichts? Achselzucken!

Der genaue Beobachter wird merken: Dieses Rennen auf der Stelle ist letztlich Vertuschen, ein Vertuschen dessen, was im Fitnesscenter durchaus offen gehandelt: es ist das »Treten auf der Stelle« – nur im rasenden Tempo. Ein Ziel? Nicht erkennbar für mich! Für Sie?

Eigentlich weiß niemand, wohin die Reise geht: Politik hat keine große Programmatik; Personen stehen im Mittelpunkt jeder Wahl – ihre Inhalte? ... Man muss sie mit der Lupe suchen ... kleine Korrekturen an kleinen Dingen – nirgends ein großer Wurf.

Mode, Kunst, Architektur: Kreativität ist dort verblüht wie Coco Chanel, wie Le Corbusier und

Salvador Dali. Alles schon mal und wieder da: Mini ... Maxi ... – Kreis ... Quadrat ... Steinhaus ... Lehmbau ... nichts weltbewegendes in Sicht!

Kirche – hat sie noch was Anstößiges? Höchstens negativ: den Ausstieg aus der Schwangerenkonfliktberatung, die Ablehnung der Zweitehe usw.… und die Ohnmacht der Postmoderne gegenüber: ansonsten: Verschanzen hinter mittelalterlicher Theologie, um nicht laut zu sagen: in diesem Fall keine Ahnung!

Wir treten auf der Stelle! … wiederholen uns! … sind orientierungslos trotz vieler Sterne, die wir heute allerdings »Stars« nennen. Dazu kommt ein Klagen über den Zerfall von Normen und Werten, als ob das ein neues Phänomen der Schöpfung und das Ende der Menschheit kurz bevorstehe.

Und doch sind wir irgendwie am Ende – an einem Ende angelangt, das zu schaffen macht. Langsam dämmert solche Sichtweise, auch wenn Propheten noch auf sich warten lassen. Es braucht auf jeden Fall neue Impulse, weil alte Muster nicht mehr helfen, sondern zerreißen.

Neue Anstöße sind vonnöten, die weiter bringen, Entwicklung fördern, damit wir nicht im Kreis bleiben, sondern rauskommen … auf eine Spirale, die – hoffentlich! – nach oben führt.

WO NEHMEN WIR DEN »DRIVE« HER ???

Ein kurzer Blick nach links bitte! Nein, nicht zum Nachbarn! auch nicht zur PDS! Nach Amerika! Wie ein Zauberwort klingt solche Rede, von der Wirtschaft längst erprobt … bestätigt … und für gut befunden … Sie schielt ununterbrochen nach links über den großen Teich: dort blüht das Vorbild – Ideen keine Mangelware – unerschöpflich ihre Quelle, die niemand kennt.

Wir machen denen alles nach … und sind dabei, das Eigene zu vergessen …, hängen Kultur an den Nagel …, tauschen Christkind gegen Santa Claus …, die Hausmannskost gegen fastfood von Mc Donalds …, Philosophie gegen flotte Werbung, als ob das »Go west« tatsächlich Lösung brächte.

Übersehen wird – total – wieviel Kraft das Nachrennen kostet – wir haben andere Beine … und wie abhängig wir dabei schon geworden … und werden schlapp! Immer noch hoffend, es gäbe einen besseren Weg.

Gewiss ist der vorhanden! Vielleicht mit Blick zum Himmel? – Wir möchten doch so gerne: hoch hinaus!

Und so stehen denn des Nachts all überall auf der kleinen Welt die Sterngucker: Astronome und Astronauten, und halten Ausschau nach dem Mond, nach Jupiter und Mars … berechnen, hoffen, kombinieren … und fahren los … endlich ins Unendliche. Sie schießen sich in den Himmel, den Rucksack voller Instrumente und all den Fragen: wie's dort wohl geht und ob was davon zu erhoffen sei.

Vom Mond gab's kaum was zu berichten – Interesse seitdem erkaltet wie jene graue Kugel selbst.

Vom Mars wird's nicht viel anders sein. Bahnbrechend wohl bleibt vorerst nur das Raumschiff selbst.

Es sieht auch nicht danach aus, als ob wir irgendwo dorthin vorstoßen, wo Peterchen mit Schwester und Herrn Summsemann bei ihrer Mondfahrt gelandet: im Reich des Zaubers, des Phantastischen, dessen neue Impulse Angst erzeugen bei dem Käfer, freudiges Frohlocken bei den Kindern.

Wenn also nichts von oben zu erwarten – vom fernen Horizont nur Strahlen uns erreichen – woher dann?

Von links? – Amerika das war schon Thema.

Von rechts? – dem Reich der alten Rus? Fremd uns deren Seele … voll Geheimnis: dieses Land, östlich des Ural … nicht nur schlitzäugig, sagt man, schlitzohrig noch dazu! Tolstoi erzählt uns davon in seinen Werken, Dostojewski weiß es auch … und all die vielen, die beim Wort »Sibirien« immer noch zittern.

Der Vorschlag – nicht übel … der Aufwand: allerdings mächtig! …

Fremde Sprache lernen, nicht mehr indogermanisch denken, tagelang auf Reisen sein, Abenteuer bestehen, gar einfrieren an Leib und Seele. – Nur wenige werden's ergreifen, gar ergreifen können.

Also weiter auf der Suche bleiben, fast schon wie das Paar von Betlehem – nicht nach Herberge fragen: Häuser haben wir genug – Nein! Nach Impulsen schau'n wir aus wie Deuter nach dem Stern, … und ich denke: es gibt sie!

Da bietet doch Gott selber heute schon was Brauchbares an. »Willkommen!«, sag ich nur. Und wie bei großen Erfindungen gängige Praxis ist sein Tipp ganz einfach – nicht ärmlich jedoch oder gar erbärmlich.

Der Unbekannte lädt zum TIEFGANG. Bitte nicht verwechseln mit Untergang. Denn nichts anderes feiern wir heute … ist ER doch vom Himmel herab gestiegen, hat Fleisch angenommen – wandert von hoch oben nach tief unten ins Stroh. Er wird Mensch, sogar kleiner Mensch: hilflos, nackt und bloß, schreiend nach Brust und Haut.

Dieser Tiefgang wird geboten – nicht als billiger Ausweg … als nächste Stufe der Entwicklung, damit Welt vorankommt, damit jenes Laufen auf der Stelle nicht zum Crash führt, wohl zum Ende.

Vor lauter Oberfläche Gesellschaft hat sich an sie gewöhnt: die schnelle Lösung, den Wochenendtrip, die eine Nacht, das Kurzgebratene – ist die Tiefe mit ihren vielen Schichten nicht mehr im Blick.

Es ist doch konsequent, dorthin zu wandern, wenn an der Oberfläche nichts mehr zu holen ist. Dort unten nachzuspüren, ob nicht Verborgenes sich öffnet. Von den Geologen wissen wir zumindest: das Erdinnere ist reich. Wasser … Öl … Gas … Gold … Uran … Mangan …

Wir sind das auch! Denn tief in mir, in dir drin, gibt es nicht nur Verdauungsorgane und Bakterien – da ruht viel mehr, das gehoben werden möchte: da ist ein ganzer Berg voll Gefühlen – oft unterdrückt – und Empfindungen: mehr als uns lieb, mehr als diese Christnacht Sterne kennt.

Und wie kommen wir an solche Schätze? Mit Spaten oder Bohrer? Ich sag's Ihnen: Weder noch! Einfach anfangen zu fragen: mich selbst natürlich; den Anderen, das nennen wir Verhör! Und nachbohren bei sich … später auch beim Gegenüber.

Wir können sofort starten, gleich eine erste Probe aufs Exempel machen, ob's auch klappt. Denn niemand will der falschen Fährte folgen.

Also los! …

Warum hetze ich? … Warum brauche ich diesen Stress? – Nicht ein Tag länger wird mir dafür geschenkt, eher einer abgezogen … ST0P! Nicht vorschnell antworten und dieser Zeit die Schuld zuweisen. Abwarten! … eins tiefer gehen … und noch eine Stufe tiefer.

Dort liegen neue Fragen – verschüttet! … ein bisschen saubermachen und lesen …, was da gefragt: … z. B. was will ich aus meinem Leben machen? Nein, … nicht einfach den Beruf nennen; der fordert sie nur ein Drittel Ihrer Zeit – die andern 2/3 wollen auch gelebt sein, aber wie ? – Wie hätten Sie' s denn gerne? Was wollen Sie wirklich im Innersten Ihres Herzens …? – Ich setze noch eins drauf! Was wollen Sie angesichts des sicheren Todes? –

Ruhig sprachlos werden – wirken lassen: die Frage … spüren, was ist … an Grenze stoßen … nach Worten ringen … ein Impuls da? Mehrere? … Festhalten!

Weiterfragen … was vermisse ich wirklich? Die Kindheit? Die Mutter? Das Unbefangene … das, was ich mir nicht zutraue ??

Und weiter: Ich bin ein Mann … Was ist das? Wie lebt der? Ich bin eine Frau – …Was ist da anders? – Nur die Rollen, nicht das Sein?

Warum trauen wir uns nicht, die Nähe zu intensivieren: zu beiden! … die Distanz zu pflegen: zu beiden … die Trennung zu verschieben, … den Abschied doch zu wagen … dumme Fragen zu stellen, die gerade deshalb so tiefgründig sind.

Nicht lächelnd drüber weggehen … die Sprache verrät in solchem Fall, dass Sie dann immer noch drüber sind – also oben – nicht wirklich drin, schon gar nicht in der Tiefe. Tauchen Sie ruhig wieder ein und weiter hinab. Sie werden unterwegs nicht nur Schönes finden, nicht nur Elemente, die Ihnen auf Anhieb gut tun. Sie werden auch Schlimmes an sich entdecken und allerlei an Dreck.

Gott ist nicht da dran vorbei gegangen, vielmehr im Stall gelandet. Dort stinkt's. Das weiß man. -

Sie haben Angst, Ihrem Schatten zu begegnen, den Dämon in sich selbst zu begrüßen, dem Mörder und Ehebrecher »Frohe Weihnacht« zu sagen? … Der Engel hilft: »Fürchtet Euch nicht!«; ruft er rettend dazwischen. Also ruhig weiter … das Schwein in mir entdecken, das Mist macht, wie wir wortwörtlich sagen, den Esel in mir finden, der störrisch, dumm und nur in eine Richtung schaut, den Ochsen wahrnehmen, der borniert, nur in sich hineinfrisst, stundenlang, und seines Eros beraubt.

– Gott ist solchen Viechern nicht aus dem Weg gegangen … er liegt dazwischen … Er mag sie … Macht das nicht Mut ???

Und weiter hinabsteigen, nächste Stufe … die Treppe ist groß … neugierig sein auf sich selbst, das Innere noch näher unter die Lupe nehmen und z. B. seinen Süchten nachgehen, nicht nachgeben. Vorsicht da ist nicht nur die Drogensucht. Es gibt verstecktere Formen: da kommt die Arbeitssucht – mit großem Pflichtgefühl so oft verwechselt! … das Helfersyndrom in ausgeklügelter Form, die schlechteste Voraussetzung, tatsächlich gut zu helfen … die Sucht nach Macht erscheint im Kleid unschuldiger Verantwortung …, der Reichtum wird mit Verdienst gleichgesetzt …, die Sucht nach Anerkennung überhört das »Danke« ständig, wie nie gesprochen. Und da ist sie immer noch: die Sucht nach dem großen Führer – in Neonazi Kreisen wieder fröhlich Urständ feiernd. Halt nicht nur dort! Hier bei uns auch … ganz geschickt verpackt! Und dieses ewige Suchen nach »Höher, Weiter, Besser, Schneller« blank legt.

Viel schonungsloser legt Friedrich Nietzsche diese Phänomene auf den Tisch: Ihr Alle, denen die wilde Arbeit lieb ist und das Schnelle, Neue, Fremde, – ihr ertragt euch schlecht, euer Fleiß ist Fluch und Wille, sich selber zu vergessen. Wenn Ihr mehr an das Leben glaubtet, würdet ihr weniger euch dem Augenblicke hinwerfen. Aber ihr habt zum Warten nicht Inhalt genug in euch – und selbst zur Faulheit nicht.(Friedrich Nietzsche, »Also sprach Zarathustra«)

Antworten wie » Kennt jeder« zählen nicht. Das ist wieder Oberfläche, einfach zu billig. Sie wollen noch nicht hinab? – Sie haben Angst vor dem Abgrund? Es ist keiner – es ist Tiefgrund! Kleiner Trost. Gott hat auch lange Zeit gewartet, bis er diesen Weg angetreten, aber dann hat er doch zugestimmt und ist nach unten gegangen.

Sein Weg bringt uns neue Impulse. – Was wird seit der Geburt Jesu nicht alles anders gemacht in der Welt, nicht nur die Zeitrechnung! Anstöße überhäufen uns wenn wir solchen Königsweg beschreiten.

Geld kostet er nicht … kann sofort beginnen … kann unterbrochen werden, wenn's zu anstrengend … kann erneut starten … bewahrt vor Langeweile und Erstarrung … geht …! nachweislich!

Diese Nacht wird eine Lösung angeboten, von der die Benutzer später gesagt: es sei die Erlösung, zumindest der Weg dazu. Amen.

Loslassen

Ziel: *Ich will meinen Hörern aufzeigen, wie Erlösung gehen kann: einfach loslassen, das was mich bedrückt, oder das was mich hindert, oder das. was mir zuviel ist.*
Ich will die Hörer dazu einladen, diesen Weg auszuprobieren.

Liebe Gemeinde!
Im Staatstheater Saarbrücken können Sie derzeit das schönste und bekannteste Ballettstück bewundern: Schwanensee.

Peter Tschaikowsky hat es 1875 für die Menschen seiner Zeit geschrieben. Die Handlung hat er von einem alten deutschen Märchen ausgeliehen:

Siegfried, ein junger Prinz, der gerade ins Mannesalter eingetreten, geht mit seinen Freunden auf die Jagd. Am Waldsee treffen sie gegen Mitternacht eine Schar weißer Schwäne – ideal um ihr Jagdfieber zu stillen. Gerade wollen die Jäger ihre Opfer erlegen, da erscheint Odette, die Schwanenkönigin vor Siegfried und gebietet dem Morden Einhalt. Auf bewegte und bewegende Weise erzählt sie dem Prinzen von einem Fluch, der auf sie und ihre Freundinnen herabgekommen ist. Rotbart, der böse Zauberer habe sie als junge Mädchen verwünscht. Seit jenem grässlichen Tag müssen sie als Schwäne ihr Dasein fristen, dürfen nur kurze Zeit nach Mitternacht ihr Federkleid ablegen und warten nun – ja warten voll Sehnsucht auf den Tag ihrer Erlösung.

Siegfried lässt sich anrühren von solcher Klage. Er versteht den Wunsch der weißen Vögel sehr gut, und er fragt nach, wie denn ihre Erlösung möglich sei und wie sie gehen kann, diese Erlösung vom Fluch des Zauberers.

Mit dieser Frage, liebe Gemeinde, bin ich mir sicher, trifft Siegfried genau unsere Situation. In dieser Christnacht feiern wir die Geburt unseres Erlösers und fragen jetzt, da der Retter geboren, wie damals der Prinz: Wie und auf welchem Wege werde ich, werden Sie denn erlöst und wovon? Ruht auch ein Fluch auf den Menschenkindern? So wie auf Odette und ihren Freundinnen?

Die alte Theologie hat sich mit dem Problem, was denn Erlösung sei, beschäftigt, und sie hat sich ihre Antwort folgendermaßen zurechtgelegt:

Seit dem Erscheinen Jesu in unserer Welt, so hat sie gelehrt, ist das verschlossene Paradies, das Adam und Eva wegen ihrer Sünden verlassen mussten, wieder geöffnet. Wir sind als Christen erlöst von der Verbannung. Das Exil hat ein Ende, wir dürfen wieder dorthin wo wir hingehören: ins Paradies.

Staunen haben die Menschen damals diese Botschaft vernommen. Sie klingt wirklich gut, sehr verheißungsvoll. Doch kaum einer hat sich gewagt, die Verkünder zu fragen: Wo ist denn nun das Paradies, bzw. wie komme ich dorthin? Erst allmählich haben sie gesucht, haben die stöhnenden Menschen, die alle auf einmal ins Paradies wollten, angefangen nachzufragen, was denn nun sei mit diesem schönen Garten Eden. Und sie haben ihn vorerst nirgendwo gefunden.

Theologen dachten dann weiter und gaben den Menschen zur Antwort: das Paradies könnt ihr auch nicht auf der Erde finden, es ist im Himmel! Es gilt einfach weiter zu warten und auszuhalten bis zum Tag X. Es gilt weiter zu fragen und weiter zu suchen und mit der Enttäuschung zu leben.

Ist das die einzige Antwort? Gibt es sonst gar nichts? Das hat mich beschäftigt. Diese Frage hat mich nicht losgelassen. Denn ich erlebe, dass bei vielen doch der Wunsch geblieben ist, nach einer Erlösung, die schon *jetzt* erfolgt, nach einem befreiten Leben, das ich schon *jetzt* leben darf, nach besseren Tagen, was immer das für den einzelnen heißen mag. Niemand von uns will doch warten bis zum Tag X. Jeder von uns möchte das

Paradies am liebsten schon gestern erleben. Diese Sehnsucht drückt sich dadurch aus, dass Sie heute nacht hier sind, dass Sie einen Ort suchen, wo Erlösung vielleicht gelingen kann. Nur, wie geht sie, wenn das alte Muster nicht zieht?

Beim Nachdenken und Überlegen nach neuen Erklärungen ist mir dann eine ganz banale Antwort eingefallen, die ich Ihnen heute mit auf den Weg gebe und von der ich einfach sage: Probieren Sie es aus, vielleicht ist das ein Weg der Erlösung, vielleicht kann Ihre Sehnsucht so gestillt werden. Mein Rat heißt ganz einfach:

LASS DOCH LOS !!!

Lass doch los, was schwer auf deinen Schultern liegt.

Lass doch ab von dem, woran du krampfhaft festhältst.

Lass doch los, was dich zuviel Mühe kostet und was dich ankettet.

Konkret gesprochen: wenn du an einem Ideal festhältst, davon träumst und gleichzeitig merkst, es kostet mich zuviel Kraft, ich kann dieses Ideal nie erreichen, dann lass einfach davon ab.

Du wirst dann erlöster …

Wenn du Prinzipien, Gesetze und Spielregeln in Deinem Leben anwendest, von denen du merkst, sie lassen sich gar nicht verwirklichen, sie sind mir auch zu schwer, im Grunde genommen unmenschlich, denn ich werde dabei nur stur und starr, alles andere als ein fröhlicher Mensch – wir kennen solche Prinzipienreiter und sehen wie ihre Gesichter so blutleer geworden – dann lass doch einfach ab von diesen Prinzipien.

Du wirst dann erlöster …

Wenn dir deine Arbeit zuviel geworden ist, wen dich der Acht-Stunden-Tag tatsächlich überfordert und die Arbeit zuhause auch noch, dann sieh doch zu, dass du eine Stelle bekommst, die weniger Stunden von dir verlangt, dann lass doch von dieser mühevollen Arbeit ab.

Du wirst dann erlöster …

Wenn du merkst, mein Luxus, den ich lebe, kostet mich zuviel Geld, zuviel Anstrengung, ich muss einfach zuviel Energie dafür investieren. Im Grunde genommen, bin ich ja gar nicht mehr in der Lage mich am Luxus, den ich mir geschaffen habe, zu erfreuen, die Wünsche, die ich mir erfüllt habe, in Ruhe auch zu genießen, dann lass doch davon ab und lebe einfacher, aber erlöster …

Wenn du mit hechelnder Zunge von Termin zu Termin hetzt, von diesem Treffen zu jenem Treffen, nur um dort auch noch Anerkennung zu erhalten, nur um dort auch wichtig und bedeutend zu sein … aber gleichzeitig merkst: mein Beliebtsein kostet meine Nerven, der Preis ist mir zu hoch, dann lass doch ab … verzichte auf die Sucht nach Anerkennung und lebe erlöster …

Wenn du an Menschen hängst, die dich eher behindern in deinem Leben, die dir wenig Raum geben zum Wachsen und Gedeihen, dann lass sie doch einfach los …

Wenn du von Gott eine Vorstellung hast, die dir Angst einjagt, die dir keine ruhige Nacht gönnt, dir sogar Schuldgefühle einhandelt, dann häng' doch diese Vorstellung an den Nagel.

Lass doch einfach los, von dem, was dir angsterfüllte Vorfahren erzählt, dich jedoch fesselt und kastriert. Lass doch los von dem Bild, das die Tradition dir vermittelt hat.

Wenn du Kirche erlebst als Gefängnis, wenn du Gemeinde erfährst als kleinkarierten Haufen, als Gruppe, die mehr vom Gesetz geprägt ist, denn von der Liebe, dann geh doch von ihr weg, lass sie einfach los. dann wirst du erlöster aussehen …

Dieser Weg, liebe Gemeinde, dieser Weg zur Erlösung ist mir gekommen, als ich das Wort Erlösung näher angeschaut und viele Tage mit mir herumgetragen habe, denn da steckt doch das Wort »lösen« drin, genau wie in unserem Wort »Lösung« auch.

Jedes Mal, wenn sie ein Problem haben, ganz gleich welcher Art, dann fragen Sie schlicht und einfach: Wovon muss ich jetzt lassen? Was muss ich denn jetzt loswerden? Dann wird das Problem wirklich gelöst, Sie werden auch gelöster, besser Erlöster, im wahrsten Sinne des Wortes.

Nachdem mir diese Lösung eingefallen, erschien sie mir spontan so einfach, dass ich es fast nicht glauben konnte, und dass ich nachschauen musste, ob sich das vereinbaren lässt mit der Bibel, ob das übereinstimmt mit der Botschaft Jesu – Und siehe da: ich fand Bestätigung.

Denn für diesen Jesus gab es doch das Problem: die Beziehung Gott-Mensch ist gestört, für beide gab es eine unüberbrückbare Distanz, an der er gelitten, an der wir leiden: Gott und der Mensch.

Was macht er, der Sohn Gottes? Er lässt seinen hohen Thron im Stich, er lässt los von der Vorstellung: Gott muss immer oben sein, nein, er kann auch unten sein, ganz unten. Deshalb steht da oben im Hochaltar jetzt ein leerer Thron, deshalb liegt da unten jetzt ein kleines Kind in der Krippe. Gott hat losgelassen und somit vorgemacht, ganz konkret, wie er gehen kann, der Weg der Erlösung. Und später finden Sie in der Predigt des Neugeborenen Sätze, die da heißen: » Kommt her zu mir alle, die ihr mühselig und beladen seid ...nehmt mein Joch auf euch, denn mein Joch ist sanft und meine Last ist leicht.« (Mt 11,28)

Oder an einem anderen Tag spricht er davon:

»Wenn dich dein rechtes Auge zum Bösen verführt, dann reiß es aus und wirf es weg, denn es ist besser für dich, dass eines deiner Glieder verloren geht, als dass dein ganzer Leib in die Hölle geworfen wird. Und wenn dich deine rechte Hand zum Bösen verführt, dann hau sie ab und wirf sie weg, denn es ist besser für dich, dass eines deiner Glieder verloren geht als dass dein ganzer Leib in die Hölle kommt.« (Mt 5,28-30)

Übersetzt heißt das schlichtweg: was dir im Wege steht, zufrieden zu leben und ein gutes Leben zu führen, davon trenne dich! Seit diesem Jesus gibt es das Wort: »Du musst!« nicht mehr!! Dabei erfüllt er genau die Verheißung, die der Prophet Jesaja ihm vorweggeschickt hat, denn der hatte schon davon gesprochen, dass der Neugeborene den Gefangenen Entlassung verkünde und den Gefesselten Befreiung und ein Gnadenjahr für alle. (vgl. Jes 61,1)

Jetzt kennen Sie einen Weg zur Erlösung. – Wenn Sie sich davon verführen lassen, dann möchte ich fairerweise noch vor einer Klippe warnen. Die gibt es auch, trotz froher Verheißung: Die Klippe heißt: Loslassen geht nicht so einfach, Trennung kostet wahnsinnig viel Mühe, tut weh, Abschied geht nicht ohne Schmerz. Viel lieber halten wir fest, so dass Heribert Fischedick schreiben kann:

»Auffallend ist, dass kaum einer der so unter Schuldgefühlen Leidenden auf den Gedanken kommt, dass seine Bewertungsmaßstäbe vielleicht fragwürdig und falsch sind. Eher suchen sie nach immer neuen Möglichkeiten, sich noch mehr zu bekämpfen, um endlich den Maßstäben zu entsprechen.« (Aufbrechen, S. 12)

Deshalb gelingt der Weg der Erlösung nicht so ohne weiteres. Einfach deswegen, weil wir so wenig fragen und weil wir die , die in Frage stellen, so wenig mögen. Amen.

Ich habe mich für heute von dem Zwang gelöst, Ihnen in der Christmette immer was schenken zu *müssen*, deshalb bin ich jetzt gelöster, hoffe, dass Sie es mir ansehen und schenke Ihnen dann ein erlöstes Gesicht

Weihnachten

❖

Hirten hüten ihre Herde und wenden Böses von ihr ab.
Wir denken an Menschen, die bei uns Hirte sind:
Die Mitarbeiterinnen unseres Kindergartens,
die Lehrer unserer Schule,
die Katecheten der Erstkommunionkinder

Hirten pflegen ihre kranken Tiere und helfen, ihre Wunden heilen.
Wir denken an Menschen, die bei uns Hirte sind:
Die Ärzte, Schwestern und Pfleger,
die Mitarbeiter der Sozialstation,
die Mitarbeiter des Roten Kreuzes

Hirten erzählen von ihren Träumen, von ihren Erfahrungen mit der Stille und mit ihrem Gott.
Wir denken an Menschen, die bei uns Hirte sind:
Die hauptamtlichen Mitarbeiter der Gemeinde,
die Mitglieder des Pfarrgemeinderates,
die Religionslehrer der Kinder

Hirten lieben die Natur, schließen Freundschaft mit den Blumen, nennen Bäume ihre Freunde und sprechen mit den Tieren.
Wir denken an Menschen, die bei uns Hirte sind:
Die Bauern und Förster,
die Schützer der Natur und
die Verfechter einer sauberen Umwelt.

Hirten führen ihre Schafe zusammen und gehen dem verlorenen nach.
Wir denken an Menschen, die bei uns Hirte sind:
Eheleute, die um den Partner ringen,
Freunde, die einander nicht verlieren wollen …
Menschen, die Frieden stiften und Kompromisse suchen.

❖

Bitten haben wir mitgebracht für das Kind –
es möge uns nicht gehen lassen ohne Trost.

Für alle, die auf der Reise sind zu ihren Freunden und Verwandten:
Herr, laß es ihnen dabei gutgehen …

Für alle, die auf der Suche sind nach einem Halt in ihrem Leben:
Herr, laß es ihnen dabei gutgehen …

Für alle, die verfolgt werden und deshalb geflohen sind
aus ihrer Heimat:
Herr, laß es ihnen dabei gutgehen …

Für alle, die müde geworden von der Last der Lebensreise:
Herr, laß es ihnen dabei gutgehen …

Für alle, die auf der letzten Reise sind:
Herr, laß es ihnen dabei gutgehen …

Denn das Vergessen ist Dir fremd, dein Stern er leuchtet noch
bis in die Ewigkeit. Amen.

❖

Wie die Hirten beten wir zum Kind:

Weihnachten feiern, heißt: im Frieden leben mit sich und der Welt.
So laßt uns beten, daß kein Krieg entstehe, daß die Waffen immer öfter schweigen.

Weihnachten feiern, heißt: Zeit haben für das Kind in der Krippe, den Erlöser näher kennenlernen.
So laßt uns beten für alle, die den Faden verloren haben zu ihrem Gott, die sich vorsichtig wieder annähern an den menschgewordenen Gott.

Weihnachten feiern, heißt: Zeit haben für Menschen, die uns wichtig sind in unserem Leben.
So laßt uns beten für alle, die wir Freunde nennen, die Licht sind für uns, die uns fördern und fordern.

Weihnachten feiern, heißt: die Hoffnung auf unsere Zukunft nicht aufgeben.
So laßt uns beten, daß nicht Resignation sich breitmacht und Enttäuschung, daß der Wille zum Leben wächst

Denn Dein Erbarmen tut uns gut, heilt vieles in der Welt. Amen.

❖

Lasset uns am Jahresende der Vielen gedenken.

Menschen haben das Licht der Welt erblickt im letzten Jahr – sie sind fasziniert von deiner Sonne und wollen leben …

V. Sei Ihnen nahe – A. Bleib Ihnen nahe

Menschen haben die Liebe entdeckt im letzten Jahr – sie sind fasziniert von deren Macht und wollen Verliebte bleiben …

V. Sei Ihnen nahe – A. Bleib Ihnen nahe

Menschen haben neue Wege entdeckt im letzten Jahr – sie sind fasziniert von all dem, was auch noch möglich und wollen neue Wege gehen …

V. Sei Ihnen nahe – A. Bleib Ihnen nahe

Menschen sind gewachsen im letzten Jahr – sie sind fasziniert vom Blick über den Kirchturm und wollen noch mehr entdecken …

V. Sei Ihnen nahe – A. Bleib Ihnen nahe

Menschen haben sich vom Licht dieser Welt verabschiedet im letzten Jahr – sie sind fasziniert vom Licht des Himmels und wollen bei Dir weiterleben …

V. Sei Ihnen nahe – A. Bleib Ihnen nahe
Denn Du heißt Jahwe – naher Gott – dem Ehre gilt und Dank. Amen.

❖

P. Licht brauchen wir Menschen – einige unter uns ganz besonders. Für sie beten wir:

V. Schenk den Kindern ein Licht, die sich vor der Nacht fürchten und behüte sie
(Kerze anzünden, dazu Ruf »Licht, das uns erschien« GL 129)

V. Schenk den Erwachsenen ein Licht, deren Leben dunkel geworden und behüte sie
(Kerze anzünden, dazu Ruf »Licht, das uns erschien« GL 129)

V. Schenk den Menschen ein Licht, die einen Ausweg suchen – noch immer und behüte sie
(Kerze anzünden, dazu Ruf »Licht, das uns erschien« GL 129)

V. Schenk den Sterbenden ein Licht, die sich auf den Weg des Todes machen und behüte sie
(Kerze anzünden, dazu Ruf »Licht, das uns erschien« GL 129)

V. Schenk den Toten ein Licht, die unsere Sonne nicht mehr sehen können und behüte sie
(Kerze anzünden, dazu Ruf »Licht, das uns erschien« GL 129)

P. Denn Dein Licht macht froh, läßt Leben heller werden. Amen.

❖

P. Für viele die im Dunkel leben, wollen wir nun beten:

V. Laß denen ein Licht aufgehen, die am Forschen sind,
damit das Leben erträglicher wird

V. Laß denen ein Licht aufgehen, die im Dunkeln sitzen,
damit ihr Leben wieder Farbe gewinnt..

V. Laß denen ein Licht aufgehen, die am Suchen sind,
damit sie Antworten für ihr Leben finden

V. Laß denen eine Licht aufgehen, die gestorben sind,
damit ihre Augen deine Herrlichkeit schauen.

P. Denn Du bist für die Menschen da – als Licht für die Welt erschienen.
Wir danken Dir dafür. Amen.

JAHRESWECHSEL

»Meine sehr verehrten Damen und Herren …«, ertönt es aus dem Lautsprecher.., »Kapitän Fischer und seine Besatzung heißen Sie an Bord er Lufthansa herzlich willkommen und wünschen Ihnen einen angenehmen Flug nach London …, sobald wir die vorgesehene Reisehöhe erreicht haben, bieten wir Ihnen eine kleine Erfrischung an …« Danach schaltet der Kapitän den Autopilot an, den Rest machen Computer, Sensoren, Maschinen: sie kennen: Wetter, Strecke, Ziel, Gefahr …, er kann sich beruhigt zurücklehnen.

Bei uns hier ist aller anders: wir kennen im Grunde genommen weder Ziel noch Weg, weder Zukunft noch nahende Not. Wir maschieren einfach los, nur manchmal ist Rast erwünscht, ein Blick zurück gewagt, ein tiefer Atemzug. Der letzte/ erst Tag des Jahres lädt dazu ein:

Kyrie:

Du Gott von gestern
Herr, erbarme dich deines Volkes
Du Gott von heute
Herr, erbarme dich deines Volkes
Du Gott von morgen
Herr, erbarme dich deines Volkes

Vergebungsbitte:

Der Gott der Zeiten, er sehe Euch die Fehler nach, heile die Wunden, die Ihr erlitten in vergangener Zeit.
Er lasse Euch ruhen an seinem Herzen, damit Ihr Atem holen könnt wie Wasser an der Quelle.
Er wasche Euch rein von jeder Schuld, die ihr den Anderen zugefügt und deren Bürde Euch beschwert.
Dies vollbringe der Gott, dem Anfang und Ende gehört:
der Vater und der Sohn und der Heilige Geist. Amen.

Tagesgebet:

Herr unser Gott
mit einem Fuß noch im alten, mit dem anderen schon im neuen Jahr, so stehen wir heute vor Dir, halten inne und fragen: Gehst Du mit? Wir warten auf Antwort und hoffen – nein, wir bitten sogar: Zieh' mit uns hinüber ans andere Ufer wie damals auch, als Mose Ägypten verlassen.

Wir vertrauen darauf: jetzt und an allen neuen Tagen. Amen.

Schlussgebet:

Danke, Herr, für das Wachsen und Werden – auch wenn es uns immer wieder herausholt aus gewohnter Sicherheit.

Nun, da wir Abschied nehmen vom Gestern, mache uns Mut für das Morgen!

Sei Du die Säule aus Wolke und Feuer, die treibt und verlockt hinaus in das Leben, hinaus in die Ewigkeit. Amen.

Begrüßung:

Neues will zuvor Abschied – es braucht ihn, damit das Kommende voll gelingen kann. Mutter Natur und Gott Vater haben diese Regel vorgesehen ... auch für die Zeit, die kommt und geht wie's Licht der Sonne.

Also lade ich ein, heute Abschied zu nehmen von guten und von bösen Tagen verbunden mit den Gefühlen, die dazugehören:
Trauer und Zorn
Dank und Schuld

Trauer bracht' das letzte Jahr
ein Lied dafür um Heil:
dass Schmerz nicht anhält, auch kein Schrei
dass Tod uns verschont und Leben gelingt

Psalm 71	GL 733
oder	GL 734

Schuld bracht das letzte Jahr
ein Lied denn um Vergebung
dass Sünd' nicht lastet, auch kein Groll
dass Reue gekonnt und Rache vergessen

Psalm 51 GL 190

Gutes bracht' das letzte Jahr
ein Lied dafür zum Dank
dass Hunger nicht war, auch kein Durst
dass Krieg uns verschont und vieles gelungen
Psalm 34 GL 723,1
oder 65 GL 731

Zorn brachte das letzte Jahr
ein Lied dafür um Erbarmen
dass Liebe nicht bleibt, auch kein Glück
dass Abschied gekonnt und Neues erwartet

Psalm 27 GL 719

Ziel: *Kirche ist ein angeschlagenes Schiff ähnlich der Titanic damals. Sie muß überlegen, wie noch Rettung erfolgen kann.*

Liebe Christen,
Jeder hat es verspürt: genau in diesem Augenblick – denn das war so außergewöhnlich, daß der Atem für Sekunden stockte, auch wenn der Mann am Flügel weiter spielte wie es die Noten von Beethoven vorsehen ... auch wenn der Kellner weiter notierte: einen Scotch für die Dame, einen Kaffee für den Herrn und für Sie bitte ? ...

Schlimmes war jedoch nicht zu befürchten, dafür waren die technischen Daten einfach zu gut. Selbst die Nachricht, daß ein Eisberg gerammt wurde, daß ein Leck geschlagen und Wasser in den Rumpf eindringt erzeugte kein Entsetzen nur eine hochgezogene Augenbraue, schließlich galt dieser Luxusliner Titanic als unsinkbar. Und wegen dieser Fehleinschätzung hatte das Schiff von nun an gegen den Tod zu kämpfen.

Eisberge waren es bei dem Schiff »Kirche« nicht – eher viele kleine Löcher, die es bedrohlich in Seenot gebracht und weiter bringen: hier einige Austritte und da: – doch immer mehr! Hier keine Lust mehr mitzumachen und dort – Tendenz: weiter abnehmend! Löcher auch in den Priesterseminaren und Klöstern des Landes – Verkauf erster Gebäude, in Holland schon Kirchen – in der Charta der EU, gerade in Arbeit, kein Hinweis mehr auf Gott und der Verantwortung ihm gegenüber – bei den jungen Leuten ist Kirche ein alter Tanker, völlig verrostet, abgeschrieben. Ihr Sinken wird dort noch nicht einmal bemerkt.

SOS funken die Mutigen ununterbrochen – wagen es auf die dramatische Situation hinzuweisen wohl wissend, der Künder schlechter Nachricht findet seit altersher kaum Gehör; aber irgendjemand muß doch hören, irgendeiner muß doch reagieren!

Doch für die meisten scheint die See ruhig, kein Lüftchen regt sich, höchstens Erstaunen ob solch störender Meldung Was soll das Geschrei? Ruhe ist nicht nur des Bürgers erste Pflicht, nein auch die des braven Kirchenmannes, der Frau ohnehin, hat sie doch nach Paulus wenig zu melden (vgl. 1 Kor 14,34).

Verschweigen der Realität hat gute Tradition in den großen Systemen der Welt, das ist ganz klassische Reaktionsweise; denn Panik macht alles nur noch schlimmer – ich erinnere an das Durcheinander auf der Titanic, bei dem niemand mehr wußte, was er wollte oder was jetzt nottut.

In der Ruhe liegt die Kraft, sie läßt Zeit gewinnen … um nichts zu tun, füge ich hinzu – denn hinter den Kulissen, auf der Kommandobrücke der Kapitäne wird der Vogelflug registriert nicht das Problem. Und zudem werden Ängstliche gemahnt, diese Zusage Jesu doch nicht zu vergessen: die Pforten der Unterwelt werden sie nicht überwältigen (vgl. Mt 16,19). Ähnliches wie der Titanic wird uns nicht geschehen Nur ist bei Matthäus nicht die Rede davon, was genau nicht untergeht. Falsche Einschätzung könnte auch hier Folgen haben und dann? Wer hat schon Lust, auf dem falschen Dampfer zu sitzen?

Reparieren, schnell die Löcher stopfen, halten, was zu halten ist – haben sie auf dem Schiff damals auch gemacht. Kabine 312 konnte so gerettet werden: die Insassen auch, der Stromaggregat konnte so erneut angeworfen werden, und das Licht auf dem Achterdeck brannte wieder.

Die Methode funktioniert – fürs erste – füge ich hinzu, denn das Ziel wurde nicht erreicht; die unsinkbar Genannte, sie kam dem Abgrund näher: Meter für Meter! Unterm Strich wird Erste Hilfe nicht genügen, wenn weitere Rettung ausfällt, kein Personal da, das gebraucht würde, um grundlegend zu sanieren. Zudem wird die Müdigkeit der Helfer größer, auch in der Kirche, denn Gottes Gnade schützt nicht vor Erschöpfung. Die Verantwortung dafür hat er uns schon selbst überlassen!

Wenn also nichts mehr hilft, bleibt nur noch Beten! – Dieses Muster kennt jede Not: Mose flehte inständig zum Herrn, als der ägyptische Pharao seine Streitwagen ihm nachgejagt hat (vgl Ex 14,10) …. die Stadt

Lyon forderte Mariens Fürbitte ein, als 1870 die Preussen wie wild gegen Süden rannten geradewegs auf diese Stadt zu, die Kranke versprach jeden Tag einen Rosenkranz zu beten, wenn der Krebs ihre Zellen nicht mehr weiter frißt .... und so rufen sie immer wieder auf: Bischöfe und Obere, den Himmel zu bestürmen, wie es damals Petrus getan auf dem kleinen Boot mitten im galiläischen See, als der Sturm das Boot der jungen Kirche zerfetzen wollte (vgl Mt 8,23)

Doch ER scheint zu schweigen: der Mann, der damals nicht geschwiegen, sondern die Wellen zum Einlenken brachte. Es geschieht heutzutage nichts – auch nichts ähnliches wie damals – nur bedrohliche Stille wie bei den Funkern auf der Titanic – der Äther gab ihre Botschaft weiter, aber zu spät!

Und mir fällt jene dumme taubstumme Kattrin ein, die uns Bert Brecht in seiner »Mutter Courage » als mutige Frau vorführt, die nicht dem Gebet vertraut sondern dem Handel! Man – nein frau! – muß einfach etwas tun! Und so trommelt sie in die Nacht, weckt Haus und Hof, damit sie dem nahenden Feind trotzen.

Das müßte passieren! – Das ist ja auch teilweise auf dem Dampfer gelungen: nicht für alle und alles , aber es war eine Lösung: das Schiff verlassen!! In die Boote, in die Schwimmwesten, an treibende Planken hängen, auf jeden Fall weg hier, sich nicht in die Tiefe reißen lassen.

Irgendjemand hatte diese letzte Idee – und sie war rettend!

Auch ein Vorschlag für die Kirche ? Statt überall herumzuflicken, die große Lösung: das Schiff verlassen, die Institution vergessen ? Nicht weil sie schlecht wäre, nein weil sie am Sinken ist und nicht mehr das leisten kann, was sie einmal konnte – warum auch immer.

Dann heißt es schnell und klug zu überlegen, was wir retten wollen oder müssen. Damals hieß es: »Zuerst Frauen und Kinder!« Bei uns: »Zuerst der Mann aus Nazareth und seine Botschaft!« – Das kann noch gelingen. Denn Jesus ist nicht bedroht, die Bibel ist immer noch ein Bestseller ,wird schon ins Internet gestellt. Die Zeichen für die Nähe Gottes – wir haben dafür das Fremdwort »Sakrament« – sind noch vorhanden, werden sogar eingefordert von den Fernstehenden.

Und was können wir hinter uns lassen , auch wenn der Abschied schmerzt, die Erinnerung daran weh tun wird ?

Vielleicht der ganze Kram um die Erstkommunion herum, vielleicht der ganze aufgeblähte Verwaltungsapparat, vielleicht alle Dienste, die nicht unbedingt unser Programm sind , vielleicht die vielen Repräsentationen bei der Stadt, der Feuerwehr, dem Gesangsverein, bei der Altenfahrt, dem Frühschoppen der Parteien.

In der Not – wenn es um Sein oder Nichtsein geht – da ist vieles nicht mehr wichtig, da geht es ums nackte Überleben.. Das wird Verständnis finden.

Bei der Titanic stand am Ende die Rettung: nicht des Dampfers, aber der Menschen, nicht aller, aber vieler, und das ist doch voll Sinn. Nichts anderes wünsche ich unseren Gemeinden und damit unserer Kirche auch. Amen.

❖

Herr der Zeit, sei bei den Menschen, wie Du versprochen …
für sie beten wir …
– Menschen wurden an dieser Stelle getauft …
und so aufgenommen in unsere Mitte.
Bleibe bei ihnen, Herr!
A: Ja, bleibe bei Ihnen.
– Menschen haben sich an dieser Stelle versöhnt: mit sich, mit ihresgleichen und mit Gott.
Bleibe bei ihnen, Herr!
– Menschen haben sich an dieser Stelle getraut und so den Weg in die gemeinsame Zukunft begonnen.
Bleibe bei ihnen, Herr!
– Menschen haben sich an dieser Stelle gestärkt und im Brot des Lebens
Bleibe bei ihnen, Herr!
Denn Deine Fülle wird kein Ende finden – nur das Jahr.
Darum sei Dank, Dir großer Gott heut' –, noch in der Ewigkeit.
Amen.

❖

Angelangt an der Schwelle des Jahres halten wir inne, schauen zurück auf die Menschen, die Deine Geschöpfe sind, und beten für sie:

– Menschen haben das Licht der Welt erblickt im letzten Jahr – sie sind fasziniert von Deiner Sonne und wollen leben …

V: Sei Ihnen nahe

A: Bleib' Ihnen nahe

– Menschen haben die Liebe entdeckt im letzten Jahr – sie sind fasziniert von deren Macht und wollen Verliebte bleiben …
– Menschen haben neue Wege entdeckt im letzten Jahr – sie sind fasziniert von all dem, was auch noch möglich und wollen neue Wege gehen …
– Menschen sind gewachsen im letzten Jahr – sie sind fasziniert vom Blick über den Kirchturm und wollen noch mehr entdecken …
– Menschen haben sich vom Licht dieser Welt verabschiedet im letzten Jahr – sie sind fasziniert vom Licht des Himmels und wollen bei Dir weiterleben …
– Denn Deine Hand hat uns gebildet, Dein Geist uns belebt – so hüte, was Du geschaffen. Amen.

❖

Z: Was wird es bringen, das neue Jahr? Das Jahr, von dem es heißt, es sei das Jahr des Heiles und es sei das 1987. seit der Geburt des Heilbringers Jesus von Nazareth.

Z: Was wird sein im Januar?

V: Um neues Licht nach langer Winterzeit, um Hoffnung nach tiefem Dunkel bitten wir für alle, die es brauchen.
– Stille –

Z: Was wird sein im Februar?

V: Um gute Ideen, um Fröhlichkeit und viel Spaß bitten wir für alle, die Fastnacht mögen wie ihr liebstes Kind.
– Stille –

Z: Was wird sein im März?

V: Um einen Simon von Cyrene bitten wir für alle, die ihr Kreuz tragen und schleppen und umfallen und wieder weiter müssen.
– Stille –

Z: Was wird sein im April?

V: Um neues Leben für alle, die müde sind von der Not der Tage bitten wir und um Auferstehung für jene, die resigniert da liegen.
– Stille –

Z: Was wird sein im Mai?

V: Um glückliche Tage für die Verliebten, die nun Hochzeit feiern bitten wir und um Hoffnung für alle, die einsam auf der Bank sitzen.
– Stille –

Z: Was wird sein im Juni?

V: Um Gottes guten Geist und um seinen frischen Wind bitten wir für alle, die von ihm erzählen und die sein Wort hinaustragen zu den Suchenden.
– Stille –

Z: Was wird sein im Juli?

V: Um Wachstum für das Korn und für die Früchte des Feldes bitten wir und darum, daß kein neues Tschernobyl sie zerstöre.
– Stille –

Z: Was wird sein im August?

V: Um Ruhe und schöne Tage bitten wir für die, die ihre Koffer packen und auswandern aus dem Land der Hektik ins Land der Ferien und um eine gute Heimkehr für alle.

– Stille –

Z: Was wird sein im September?

V: Um einen Ruheplatz für den Winter bitten wir für alle, die ein Nest suchen – wie die Zugvögel – und um eine Heimat für alle, die obdachlos sind oder sich verloren fühlen.

– Stille –

Z: Was wird sein im Oktober?

V. Um eine gute Ernte, um Brot für kalte Tage und um einen guten Wein für frohe Feste bitten wir für alle, damit niemand hungern muß und derben.

– Stille –

Z: Was wird sein im November?

V: Um Hoffnung und Frieden bitten wir für alle, die dem Tod entgegengehen und um das ewige Licht im Dunkel für alle, die in diesem Jahr sterben.

– Stille –

Z: Was wird sein im Dezember?

V: Um Frieden bitten wir für alle, die sich im Streit befinden mit sich und ihrer Welt und um Gottes schönen Stern am Himmel, der hinführt an neue Ufer, in eine menschlichere Zeit.

DREIKÖNIG

BEGRÜSSUNGEN:

Text mit Posaune (Orgel)

Posaune

Kommt doch ihr Völker
von Afrika – ER wartet schon

Posaune

Kommt doch ihr Völker
von Amerika – ER wartet schon

Posaune
Kommt doch ihr Völker
von Asien – ER wartet schon

Posaune

Kommt doch ihr Völker
von Australien – ER wartet schon

Posaune
Kommt doch ihr Völker
von Europa – ER wartet schon

Posaune

Am Ball

Ziel: *Wer Gott finden will – der muss am Ball bleiben wie ein Fußballspieler, sogar dafür kämpfen wie es die Weisen aus dem Morgenland getan.*

Liebe Christen
Wunderschöne Flanke – direkt ins Tor! Totenstille für Bruchteile von Sekunden, dann brausender Jubel bei den einen, lange Gesichter bei den anderen … und die quälende Frage: Wie konnte das bloß passieren? Was haben die angestellt, dass der Ball ins Netz gegangen – Die waren doch sonst nie so gut. Wir haben zweifelsohne die bessere, eingespielte Team, die lange Erfahrung.

Woran lag es jetzt? einfach Glück gehabt, die berühmten 10 Prozent ? Lag es doch an uns – schwache Minute, mal nicht aufgepasst, Konzentration weg gerutscht ???

Man wird noch lange analysieren, Videos zehnmal anschauen, Fachleute zu Rate ziehen. – Das ändert nichts an der Tatsache: der Ball war drin! Das Tor geschossen.

Nun, ich kenne mich nicht so gut aus im Fußball, bin weder Profi noch Amateur. Die Spielregeln sind mir eher fremd, nur die eine, die kenne ich vom Hörensagen und die lautet ganz einfach, aber sie ist die wichtigste und heißt:

IMMER AM BALL BLEIBEN!!! – das Leder nicht aus den Augen lassen; darf NIE alleine herumliegen: tödliche Gefahr!

Und genau diese Regel haben die Männer aus dem Morgenland beachtet: sie sind am Ball geblieben, auch als der Gegner das Spielfeld betreten mit Namen Herodes, auch als der Ball zuvor aus dem Spielfeld geflogen. Sturm auf und davon! Das war vielleicht belastend, langwierige

Unterbrechung, herber Schlag, aber kein Grund, das Spiel abzublasen, gar nach Hause zu gehen.

Wegen all dieser Widrigkeiten haben sie doch den ursprünglichen Plan nicht an den Nagel gehängt – nein, das war vielmehr Herausforderung an ihr Können. Irgendwann

wird das Spiel weitergehen, der Ball gefunden sein und der Gegner wieder mitmachen.

Ihre Rechnung ist aufgegangen , und dann dieses schöne Spielende: sie fanden das Kind und seine Mutter. Richtig erlösend, diesen Botschaft des Matthäus:

Happy End!

Diese Geschichte der Bibel ist ganz wichtig, damit wir nicht den Mut verlieren, wenn uns der Stern verloren geht, wenn wir nicht mehr wissen, ob wir glauben sollen oder nur noch zweifeln,; sie ist wichtig, wenn wir von Fragen überfallen werden, die das Leben stellt und auf die es keine einfachen Antworten gibt, zumindest keine die parat liegen wie die Tablette oder das Tempotaschentuch.

Wenn der Stern von Bethlehem verschwunden, wenn alles Dunkel geworden, selbst am Horizont nur Finsternis dann bitte nicht vorschnell das Spiel abbrechen – am Ball bleiben! wie die Weisen; Mühe auf sich nehmen, es lohnt! Alles dransetzen, daß die Suche weitergeht, auch den Gegner mit einbeziehen er kann weiterhelfen wie Herodes dies getan. Konkret heißt das mutig in die Krise wandern, nicht schwarz sehen, die Zweifel aushalten, nichts übersehen, das könnte für das Spiel bedenklich werden.

Ich bin mir sicher: es geht dann immer weiter wie bei den Weise, die ja ganz offensiv die Dinge angegangen , sich der Not gestellt haben.

So laufen die Glaubensgeschichten der Menschen – sie kennen nur diesen Weg, Gott zu finden, seinen Stern zu entdecken. Es wird ein Spiel sein ganz ähnlich dem Fußball – dieses Wort »Spiel« gefällt mir bessere als der Begriff »Kampf«. Es hat nicht nur das Schwere im Blick sondern auch das Spielerische, Spannende, die Komponente des Spaßhabens, die ja entlastend ist, wenn schon der Himmel voller Probleme.

Es wird bei diesem Spiel zugehen wie auf dem Fußballfeld: Sieg schon in der Tasche geglaubt und dann doch wieder ein Tor für den Gegner, hängende Köpfe und dann wieder dieser Glückstreffer unerwartet! Gott wird von uns zum Greifen nah erlebt und dann ist er wieder verschwunden – die Frage »warum« hilft nicht weiter, jetzt suchen !!

Und noch einen Tipp gibt Matthäus mit auf den Weg: spielen Sie doch nicht allein, welcher Fußballer macht das ?? Nehmen sie Leute mit aufs Feld, wie beim Fußball vorgesehen, damit der eine weitersuchen kann, wenn des andern Auge müde oder blind, damit der Ball abgegeben werden kann, wenn die Beine nicht mehr wollen oder Durst die Lippen lähmt. Und noch eines: erklären sie auch nicht den Gegner zum Feind sondern zum Mitspieler, der dem Ganzen Würze gibt und Spannung.

So steigt die Chance – mindestens ums Doppelte, das Kind zu finden. Amen.

Wozu Fremde?

Ziel: *Wir brauchen die Fremden um zu Gott zu finden.*

Liebe Christen,
Bananen aus Rio – frisch eingeflogen vom fremden Kontinent . – Möchten Sie darauf verzichten? – Gewiß nicht: Kinderhände greifen gerne danach, Kranke laben sich daran und Eiscafe`s zaubern für und den Bananensplit – den Bananenflip. – Alle lassen sich verwöhnen von dieser Frucht der Tropen. Wir brauchen sie: die Bananen.

Erdöl aus den arabischen Staaten – ein Gewinn für uns alle, im wahrsten Sinn ein Bodenschatz: diese Flüssigkeit bringt unsere Autos und Flugzeuge voran, sie wärmt uns die Wohnung, richtig behaglich, wenn die Sonne uns die kalte Schulter zeigt. – Erdöl backt dem Bäcker das Brot und somit auch uns, hilft Chemie und Pharmazie neue Ideen und Hilfsmittel für die Menschen zu entwickeln: ihre Strümpfe z.B. und die Gardinen, die sich so leicht waschen lassen. Wir brauchen es: das Erdöl.

Pfeffer – einst so gefragt und gesucht wie das Salz, gehört heute in jede Küche: Pfeffersteak, Pfefferschnitzel, Pfeffersauce – wer kann da »Nein« sagen – die kleinen Körner üben magische Anziehung aus auf alle, die sich dem guten Essen verschrieben haben – Ihre Schärfe kann uns den Atem nehmen, kann genauso gut den Mund wäßrig werden lassen und den Magen auf Empfang stellen. Wir brauchen ihn: den Pfeffer!

Und ähnlich ergeht es uns mit vielen anderen Sachen aus der Fremde: mit Orangen, Zitronen, mit Kokosnüssen und Mais, Tabak, Diamanten – ja mit tausend Dingen. – Herzlich willkommen als das in unseren deutschen Landen – nur die Menschen von dort bitte nicht! – Ihre Früchte und Waren gerne – sie selbst aber nicht. Die sollen doch bitte bleiben, wo der Pfeffer wächst!! – Oder brauchen wir sie doch, können Ausländer uns etwas bieten?

Ja, sagt das Dienstleistungsgewerbe.. ohne diese Fremden können wir den Service nicht mehr halten, wir brauchen noch mehr davon: Männer, Frauen, die Bierkrüge schleppen, Menüs an die Tische tragen, Festzelte auf- und abbauen .... von den Einheimischen will es keiner machen.

Stadtverwaltungen brauchen die Gäste aus der Ferne, um den Müll wegzuschaffen, die Straßen zu säubern ...Anlagen zu pflegen – Kliniken sind dankbar für jeden Ausländer, der Fenster putzt und Zimmer reinigt.

Der Zusammenbruch wäre programmiert, käme morgen die Order: Ausländer alle raus! – Wir brauchen sie einfach, auch wenn manches dabei nach moderner Sklaverei aussieht – vielleicht schon ist!

Und das bietet Sprengstoff – fürchten manche Politiker, aber auch große Teile der Bevölkerung. – Bevor wir diese Fremden stark werden lassen, bevor deren Einfluss allzu mächtig, müssen wir die Grenzen dich machen: Wir bleiben hier! – Ihr bleibt dort! Arbeitslose haben wir dann keine mehr, Kriminalität wird sinken, das Geld bleibt auch hier im Land und wird quasi reinvestiert. – Deutschland den Deutschen ist nicht die schlechteste Lösung.

Doch, ist zu kurzfristig gesehen, zeigt wenig Weitblick – so hören wir die Wirtschaft klagen:

Denn in vielen Punkten ist uns das Ausland voraus – hat unverbrauchte Energien, wache Menschen, intelligente Forscher – von wegen nur arme, gar dumme Dritte Welt! – Also wird die Greencard eingeführt. Sie dürfen kommen: die Ausgewählten, die Besten, die uns voran bringen – nur 5 Jahre, dann heißt es wieder: der Mohr hat seine Schuldigkeit getan, er kann jetzt geh`n!

Aber es kann ja anders kommen – vielleicht bleiben sie doch!

Der Meinung war schon Matthäus – etliche 100 Jahre her! Matthäus – schon älter, bejaht: natürlich brauchen wir die Ausländer, die sind doch wichtig, weil sie uns Gott näher bringen! – Stimmt – die Weisen aus dem Morgenland, also jene Männer, die nicht dem Volk Gottes angehören, die wohl gar nichts wissen von Abraham und Mose, die Sklaverei in Ägypten nie gehört und das Schilfmeer nicht wohlbehalten durchschritten, – sie müssen den Menschen sagen: Da ist doch Euer Messias – wie so wißt ihr das nicht? – Da geht doch hin nach Bethlehem und kniet nieder vor dem Gott, der den himmlischen Thron verlassen. – Das müssen die Fremden tun – wo waren den die Gelehrten Israels? – Wo war denn das Volk, das nächtelang um Gottes kommen rief? – Nach zweitausend Jahre erlebe ich es ganz ähnlich: da kommen die Ausländer und schon steht die Frage nach Gott im Raum, wird sie lebendig.

Die Moslems wollen ihren Tempel und bauen – Christen erinnern sich urplötzlich, dass sie Christ sind, sagen Nein … und schon ist Gott das Thema – Buddhisten laden zu ihren Festen, verehren ihre Gottheit und fordern somit direkt oder indirekt auf: erzählt uns von Euch, von Eurem Gott ….

Hindus stehen vor der Krippe – und wenn sie nur im Schaufenster ausgestellt – und wollen wissen: was ist das? – Wer ist dieses Kind? – Dann sind Sie gefragt … dann dürfen Sie erzählen, was wir da feiern am Heiligen Abend und in der Zeit danach …

Wir brauchen sie wirklich; die Ausländer, weil sie uns an Gott erinnern. – Wer hätte das gedacht?

Ziel: *Gott schenkt dem Menschen Neugierde, damit wird er im Leben weiterkommen*
sogar zu ihm kommen …
Am Beispiel der Sterndeuter wird dies deutlich

Liebe Gemeinde!
Wie komme ich jetzt weiter? – Besorgt fragt die alte Dame den Schaffner auf dem Bahnhof. – Er kann sie beruhigen: Gleis 3 geht ihr Anschlusszug nach Frankfurt … und Sie haben noch 20 Minuten Zeit, ruft er ihr nach. Die Dame lächelt zufrieden.

Sie weiß: sie wird weiterkommen ….

Und wenn ich meine Lehre bei Ihnen beendet habe, so will der Azubi wissen, werde ich dann auch übernommen? Können Sie bzw. Ihre Firma mir eine Stelle geben. Natürlich! – nickt der Chef in gelassener Haltung. Da brauchen Sie keine Sorge zu haben. Wir brauchen noch genügend Mitarbeiter. Wenn Sie wollen, gebe ich Ihnen dieses Versprechen sogar schriftlich. , Er will, der Jugendliche und geht dann mit einem Papier in der Hand nach Hause. Er kann ruhig schlafen: er weiß: ich werde weiterkommen …

Wenn Sie diese Zusatzausbildung machen, haben Sie natürlich mehr Chancen auf dem Arbeitsmarkt. Auch finanziell springt dabei mehr heraus. Das war die Meinung des Beraters auf dem Arbeitsamt. … und der Mann ohne Stelle er hat jetzt eine neue Hoffnung. O.k. hat er gesagt. Dann mache ich die Ausbildung. Damit komme ich wirklich weiter …

Immer wieder taucht dieses Problem bei uns Menschen auf, mit kleinen Unterschieden natürlich, doch die Frage ist stets gleich:

Wie komme ich weiter? Wie erreiche ich das nächste Ziel? Wie mache ich einen Fortschritt in meiner Entwicklung … . wie komme ich weiter in meiner Familie, im Beruf, im Leben überhaupt???

Es gibt da verschiedene Rezepte – manche sind verbunden mit viel Müh und Arbeit, manche mit einem negativen Beigeschmack …

Mir fallen z. B. so Sätze ein wie: An den musst du dich gut halten, der hat Beziehungen und viel Einfluss…. Häng dich an ihn dran, bleib ihm an den Fersen, das bringt dich bestimmt weiter. Du wirst es sehen. aber es macht mich auch abhängig. Vielleicht werde ich sein Sklave, gar ein Kriecher – angeblich der sicherste Weg zum, Weiterkommen – Vielleicht muss ich mir später sagen und sagen lassen: Nur durch Kuschen und Versteckspiel hast du es zu etwas gebracht..

Ein teurer Preis – doch viele zahlen ihn!! Ob ich es will? – ob er dir schmeckt?

Mir fallen so Sätze ein wie: Wenn du das richtige Parteibuch in der Tasche hast, dann kommst du weiter. Bestimmt!. Die Partei hat viel Macht, sie wird dich fördern und befördern.. .aber sie wird auch verlangen, daß ich nach ihrer Pfeife tanze, daß ich ewig dankbar sein muß – sie wird meine Handlungsspielräume schnell begrenzen und … was dann, wenn die anderen ans Ruder kommen? Wenn sie die Macht übernehmen, dann werde ich sie als Gegenwind spüren! Aus der Traum!

Wie komme ich weiter im Leben – was bringt mich voran?… Mir fallen so Antworten ein wie: Mit Geld erreichst Du alles, und ich denke sofort an all die Armen, deren Taschen leer also keine Chance, weiterzukommen, die im Elend leben und wahrscheinlich auch dort sterben werden. Oder ich denke an die These: mit Gewalt durchboxen, dann kommst du voran, und ich sehe vor mir all die Leichen, über die Menschen hinweggingen und gehen als sei es Staub, den man abschütteln kann.

Es muß noch andere Möglichkeiten geben, weiterzukommen. Mein Innerstes wehrt sich gegen solch unmenschliche Wege. Und bei Matthäus find ich auch heute, was ich suche: Er lehrt uns: Du kommst im Leben weiter, wenn du deine Neugier ernst nimmst. Ja er fordert geradezu auf: Sei um Gottes willen – im wahrsten Sinn: um Gottes willen – neugierig, dann wirst du weiterkommen, dann wirst du sogar so weit kommen, daß Du am Ende Gott finden wirst. Vielleicht ist das der letzte Grund aller Neugier und aller Suche und aller Süchtigen …

Die Sterndeuter haben dieses Handlungskonzept für ihr Leben übernommen: Denn der Stern hat sie neugierig gemacht, sie wollten diese Gier befriedigen und haben Ausschau gehalten, gefragt und geforscht … das Verschwinden des Sterns hat sie nicht enttäuscht, sondern die Neugierde nochmals geweckt – sie suchen schon wieder … und kommen weiter … nach Jerusalem … nach Betlehem. . .sie kommen nicht nur kilometermäßig weiter, gehen nicht nur auf der Straße voran – nein, auch ihre Herzen und ihre Gedanken kommen voran: sie entdecken im Kind Jesus den Herrn der Welt. Den Glauben an Gott verdanken sie ihrer Neugierde!! – Wer hätte das gedacht, da vorwitzige Menschen alles andere als einen guten Ruf haben.

Aber der liebe Gott mag die Neugierigen – wie gut, daß er sich nicht immer an unsere Anstandsregeln hält – er hat ja die Menschen geschaffen als neugierige Wesen, als Männer und Frauen, die suchen und forschen und fragen ….

Nur . . . die Großen und Mächtigen haben uns kräftig einen Strich durch die Rechnung gemacht. Ich spüre heute noch Aggressionen, wenn ich mich erinnere an meine Kindertage: Vorwitz wurde bestraft, Neugierde galt fast schon als Sünde, Fragen wurden als Kritik verstanden, am besten es wurden keine gestellt … man hätte ja auch die Autorität in Frage stellen können, dann wäre die Macht vorbei gewesen. Ganze Generationen haben nach diesem Modell Menschen erzogen und den Kindern das ausgetrieben, was Gott ihnen geschenkt: die Neugierde ….

Wenn ich länger drüber nachdenke, wächst der Zorn …

Doch die Geschichte mit den Sterndeutern – sie versöhnt mich wieder. Ich weiß jetzt:

die Väter hatten Unrecht und meine Neugierde war gut, ich hätte sie liebhaben dürfen und sollen. Meine Neugierde ist wichtig zum weiterkommen – vielleicht nicht auf der Karriereleiter, aber im Leben …

Alles, was die Menschheit weiß, sie verdankt es denen, die neugierig waren, die oft dafür bestraft wurden. Und ich bin traurig über all die Jahre, in denen ich geglaubt: Neugierde sei dem Menschen nicht gemäß.

Daran werde ich mich nicht mehr halten.. .meine Neugier erwacht.

Ihre auch?. Ich bin mir sicher, weil ich weiß: Sie sind ein neugieriges Volk – Gott hat. es so gewollt und das ist gut, sehr gut, heißt es in der Genesis sogar (vgl. Gn 1,1ff). Amen.

Die Könige tun was

Ziel: *Verantwortlich für meine Religion und für mein religiöses Tun bin ich; denn die Könige tun etwas – das Kind bleibt liegen.*

Liebe Christen,
»Rauchen gefährdet die Gesundheit« – mit diesem Hinweis auf jeder Zigarettenschachtel warnen Gesundheitsminister vor dem angeblichen Genuss, der so leicht und light! Denn Teer und Nikotin haben menschlicher Lunge den Kampf angesagt, und es ist nicht bei der Ansage geblieben, meist haben sie den Sieg davon getragen, der Patient Opfer eines Karzinoms, oft Todesurteil. – Seitdem das offensichtlich und die Zahl der Betroffenen weltweit die Krankenkassen belasten, steht plötzlich die Frage im Raum: Wer zahlt denn nun? – oder pointierter gefragt: Wer hat denn nun die Verantwortung für das Elend, das als Genuss verkauft wird: der Bauer, der Tabak anbaut, der liebe Gott, der die Pflanze erfunden und wohl gerne wachsen lässt, die Firma, die Zigaretten dreht und weiter herstellt, das Kaufhaus, das sie vertreibt und sogar Sonderposten zur Verfügung stellt oder der Käufer, der sie gerne mitbringt als Geschenk, als Freundschaftsdienst oder liegt alle Verantwortung nur beim Raucher? –

Ich fände es spannend, da einzusteigen, aber Sie können es gerne tun bei der Frage, die ganz ähnlich gestellt ist, ja von Ihnen sogar gestellt wird: Sie heißt: Wer hat denn die Verantwortung für die Religion, für den Glauben der Menschen: wer muss dafür herhalten?

Eltern von Erstkommunionkindern streiten darüber stets mit den

Hauptamtlichen und sagen uns: Ihr werdet dafür bezahlt; jeden Monat zieht uns die Kirche ihre Steuer ab und gibt sie Euch, wofür denn sonst, als dass Ihr unseren Kindern etwas Religiöses beibringt, wie sie es nennen, damit Ihr denen Geschichten aus der Bibel erzählt und sie beten lehrt. – Also Verantwortung bei Euch! Vorsichtig versuche ich dagegen zu steuern und weise darauf hin: Am Tag der Hochzeit haben Sie, liebe Eltern, und davor schon Ihre Großeltern versprochen: »Kinder im Geiste Jesu Christi und seiner Kirche zu erziehen«. – Meist tritt dann Ruhe ein, manche erinnern sich, wieder andere haben vergessen, sind jedoch jetzt unsicher: Es könnte stimmen! – Also ist die Verantwortung bei den Eltern! Vorerst! So schnell bleibt sie nicht dort … es werden Auswege gesucht! – auch gefunden: irgendwie gibt es ja in jeder Gemeinde sogenannte religiöse Menschen, Männer und Frauen, die es wirklich ernst meinen. Sollten wir die nicht mal fragen – ob die nicht helfen oder zur Seite springen? Die wollen doch was Besonderes sein – ob das je behauptet wurde? – die haben dann auch die Verantwortung. Also los, fragen wir, bitten wir um deren Mittun! – Und wenn der Versuch misslingt? Bleibt noch der Bischof. Richtig, der hat dafür Sorge zu tragen, letzte Instanz, dass unsere Religion nicht stirbt, die Bibel nicht im Bücherregal, gar im Papierkorb landet. – Der soll seine Verantwortung wahrnehmen: Lehrer schicken – die müssen her, die müssen ran! Und schon wissen wir, wo die Verantwortung liegt, Erleichterung stellt sich ein!

Wenn die Sterndeuter das verfolgt, wenn sie von Ferne Zuschauer dieses Prozesses gewesen – sie hätten gewiss mit den Ohren gewackelt, Augenbrauen hochgezogen und sich verwundert angeschaut! – Verantwortung für die Religion – die liegt nicht bei den Anderen, die liegt doch bei jedem Einzelnen. Jeder muss sich auf den Weg machen – wie wir – muss sogar Mühe und Arbeit auf sich nehmen – Strapazen der Wüste – damit er Sicherheit gewinnt, damit seine Zweifel langsam ausgeräumt werden. – Denn das göttliche Kind blieb zu Hause. – Dieser kleine Jesus ging nicht zu den Weisen, hat sich noch nicht einmal erkundigt, hat auch keine Reklame dafür gemacht – Doch! Ein bisschen schon: ich hab den Stern übersehen! Und er hat die Schriftgelehrten die richtige Auskunft geben lassen – aber ansonsten hat er sich ganz schön zurück gehalten: im Stillen, Verborgenen, dort war sein Platz. –

Liebe Christen, demnach liegt die Verantwortung klar bei Ihnen, besser bei jedem Einzelnen. – Sie haben für Ihr religiöses Tun, für Ihren Glauben selbst zu sorgen. Gott traut es Ihnen zu. – Unverschämt ist das nicht – nein – das ist Einladung, seine Fähigkeiten, die da tief drinnen schlummern, zu entdecken und zu probieren, wie das gehen kann. – Das wird ein spannendes Erleben wie bei den Weisen – ein Zug durch Nacht und Wüste, durch Land und Stadt, eine Begegnung mit vielen Fremden, vielen Andersdenkenden – doch letzten Endes eine Begegnung mit IHM, mit dem, der Sie nicht in Ruhe lässt. Amen.

FÜRBITTEN:

❖

Unser Blick geht zu den Menschen, die unterwegs: vielleicht sogar in dieser Nacht … für die wir wenig tun können, wenigstens aber beten:

Wir beten
Für alle, die fremd in unserer Mitte,
weil sie aus fernen Ländern kommen,
Ausschau halten nach neuer Heimat.

Für alle, die fremd in unserer Mitte,
weil sie einer anderen Religion angehören,
Jesus für sei ein Unbekannter ist.

Für alle, die fremd in unserer Mitte,
weil sie anders denken und fühlen als wir
unverstanden im Kreis der Bekannten.

Für alle, die fremd in unserer Mitte,
weil sie den Faden zur Kirche verloren haben
auf dem Weg zu neuen Ufern.

Für alle, die fremd in unserer Mitte,
weil sie von uns ausgestoßen wurden
keinen Platz mehr finden in der Gemeinde

Denn Du Herr, warst selber fremd in Deiner Schöpfung.
Du weißt um solche Not. Amen.

❖

Bitten haben wir mitgebracht für das Kind –
    es möge uns nicht gehen lassen ohne Trost.

Für alle, die auf der Reise sind zu ihren Freunden und Verwandten:
Herr, laß es ihnen dabei gutgehen …

Für alle, die auf der Suche sind nach einem Halt in ihrem Leben:
Herr, laß es ihnen dabei gutgehen …

Für alle, die verfolgt werden und deshalb geflohen sind
    aus ihrer Heimat:
Herr, laß es ihnen dabei gutgehen …

Für alle, die müde geworden von der Last der Lebensreise:
Herr, laß es ihnen dabei gutgehen …

Für alle, die auf der letzten Reise sind:
Herr, laß es ihnen dabei gutgehen …

Denn das Vergessen ist Dir fremd, dein Stern er leuchtet noch
    bis in die Ewigkeit. Amen.

ANHANG

Advent

Der dort vom Himmel kommt
geschmückt mit Wolken, Sonne, Stern,
er sei schon heute nah.
Euch Menschen, die jetzt seiner harren,
die oft ihn auch vergessen,
der kommen will
am Tag der plötzlich uns erscheint,
doch lange angesagt für's Ohr,
das sorgsam hört.
Er nehme euch die Angst vor dem Gericht
zu dem er lädt
und schenke Mut
der glauben lässt:
Er wird's schon richten
was euch doch nie gelungen.
Dann ist der Zeiten Ende,
der Ewigkeit Beginn,
mit ihm, der's anders nie gewollt:
Gott Vater, Sohn und Geist. Amen

Weihnachten

Der Herr segne Euch und helfe,
den Kreislauf des Bösen zu unterbrechen,
wenn ihr darin gefangen seid.

Er nehme euch bei der Hand
und lehre euren Fuß das Weitergehen,
wenn er auf der Stelle tritt.

Er zeige euch Aus-wege
leicht zu nehmen –
wenn ihr euch in den Zwängen
der Gesellschaft verirrt habt.

Er schenke euch den Mut
dem Hunger nach Morgen
mehr zu trauen
als dem faden Geschmack des Gestern.

Das schenke euch der Gott,
der Traditionen unterbrochen – heut –
der selbst den Himmel hat verlassen:
der Vater, der alles gemacht,
der Sohn, der Mensch wird in dieser Nacht,
der Geist, der all dies angefacht.
Amen.

Weihnachtswunsch

Ein Dach,
das dich schützt,
wenn du Herberge suchst …

Eine sanfte Hand,
die dich hält,
wenn du dich niedergeschlagen fühlst …

Ein gutes Herz,
an das du dich anlehnen kannst,
wenn du dich verlierst
im Trubel des Alltäglichen

Einen Menschen in der Nähe,
der deine Tränen auffängt
wie eine kostbare Schale …

Eine warme Hand,
die deine Augen schließt, auch dann,
wenn du Abschied nimmst
und hinüber gehst in die Welt des Lichtes …

Das wünsche ich dir
Aus Gottes liebender Hand,
die uns in dieser Nacht berührt:
die sanfte Hand
des Vaters und des Sohnes
und des Heiligen Geistes.
Amen.

Weih-Nacht

Der Herr segne uns.
Er gehe mit uns den Weg in die Nacht
und in den Tag.

Er lasse seinen Stern erstrahlen –
so hell wie damals in Bethlehem (Mt 2,2)
damit wir finden bei ihm,
was wir suchen und ersehnen.

Er selber gehe mit uns als Engel,
der uns schützt und erinnert,
was heute Grund des Festes ist,
damit die Hoffnung bleibt,
wenn Tage kommen,
die unser Leben verdunkeln.

Das schenke uns der Gott der Kinder
und der Gott der Großen -
der Vater, der die Welt gemacht,
der Sohn, der uns als Kind entgegen lacht,
der Geist, der alles wohl bedacht.
Amen.

Kommende Zeit

Der Gott des Friedens und des Lebens
segne und behüte euch
Er gehe mit euch ins neue Jahr
und schenke euch Zeiten der Liebe
und der Versöhnung

Er stehe euch bei
im Kampf gegen jene Mächte,
die das Werden und Reifen verhindern

Er schenke Euch Glaube und Zuversicht
seinem Versprechen zu trauen:
Ich bin bei euch alle Tage (Mt 28, 20)

Das gewähre uns der Gott
der will, dass alles wächst und blüht:
die Blume und das Gras,
die Fische und die Vögel
all' Tiere und der Mensch

der Schöpfer des Himmels und der Erde
der Sohn der Güte und Barmherzigkeit
der Geist der Liebe und des guten Lebens. Amen.

Neujahr

Er, dem Schöpfung wohl gelungen
und der sie auf den Weg geschickt
der Kugel gleich, die rollt

Er lasse ihren Weg sie finden in Weltall's dunkler Nacht
und gebe Kraft zur nächsten Blüte
die schon angesagt

Er lasse Angst, die kommt, auch wieder fliehen
– vom Nebel uns bekannt – und schicke Mut
zum nächsten Schritt, vor dem der Fuß jetzt zögert

Dann wird das Werk gelingen, das er im Plan
seit Geistes Hauch das Leben brütet
Und Segen helfe weiter gleich dem Tau
bis jener Tag erwacht, da statt der Sonne
dort am Horizont sein Leuchten blendet:

Licht vom Vater
Licht vom Sohn
Licht vom Geiste.
Amen.

Neujahr

Es segne euch der Gott,
vor dem die 1000 Jahre wie ein Tag (Ps 90, 4)

Er wende auch in Zukunft
die beginnt
sein Antlitz euch ermunternd zu

Und Hände schenke er, die Tränen trocknen –
denn Abschied wird es weiter geben
Und Kräuter schenke er, die Krankheit heilen –
denn Schmerzen werden neu entsteh'n
Und Freiheit schenke er, die Gottes Kindern eigen
denn Fesseln lauern überall
Und Leben schenke er, das weiter will und mehr
denn Tod: er hofft auf Sieg
Und neue Erde schenke er, die blüht und nährt
denn Wüste will dagegen
Und neuen Himmel schenke er, der Not nicht kennt und leeren Stuhl
denn Hölle ist zu viel schon hier

Das wird er tun in neuer Zeit, die vor uns
unbekannt und stets verändert

Jedoch das Wort vom Segen bleibt
und dass er letztlich Gutes will:
der Vater – vor der Zeit
der Sohn – in dieser Zeit
der Geist – von Ewigkeit.
Amen.

Sternsinger

Der Herr segne diesen Ort
Heimat ihr ihn nennt
und schenke euch den Frieden
der vom Gott der Liebe kommt

Er schenke euch sein gutes Wort
das heilen kann und trösten will
damit die Macht der Not
nicht so im Übermaß

Er zeige euch den Stern der Zuversicht
in jeder dunklen Nacht
vor allem den von Betlehem
damit ihr wisst,
wohin es geht
und dass die Zukunft ihm gehört

Das wünschen euch der Caspar
und der Melchior
und auch der dritte: Balthasar
sie waren heute für euch da. Amen.

Lichtmess

Der Herr segne euch und erleuchte euch
Er lasse euch im Licht der Kerzen seinen Himmel ahnen
und schenke euch Freude am wachsenden Tag.

Er lasse euch selber Licht sein für die Welt (Mt 5, 14)
damit die Menschen seine Schönheit ahnen
und sich wohlfühlen, mit uns zu sein.

Er lasse euch mit brennenden Lichtern –
Zeichen von Vertrauen und Glauben an ihn –
ihm entgegengehen
dem Gott und Bräutigam (Mt 25, 6)
der kommt und einlädt
zum großen Fest an seinem Tisch

Dazu segne euch Gott
der selber als Licht
in unsere Nacht gekommen ist
und dessen Schein nie untergeht:
Vater, Sohn und Heiliger Geist. Amen.

Herbert Jung

Gesegnet sollst du sein

Segensgebete für Seelsorge und Gottesdienst

Eine Fülle von Segensgebeten, Segensbitten und Segenswünschen für die ganze Bandbreite der Höhen und Tiefen menschlichen Lebens, wie sie in der Seelsorge begegnet: Vom Segen für eine werdende Mutter über Segen zur Taufe, vor einer Reise, beim Einzug in ein neues Haus, in Krankheit, in einem schmerzlichen Konflikt, zur Hochzeit und zum Ehejubiläum, für ein Schulkind, wenn Wege sich trennen, bei einem hoffnungsvollen Neubeginn, für einen Toten wie für die Trauernden, zum Abschied aus der Kirche wie zum Wiedereintritt, zu den großen Festen des Lebens und des Kirchenjahres und zu vielen, vielen Anlässen mehr... Die Segenstexte sind mit einem hilfreichen Register zum gezielten Auffinden für die verschiedenen Gelegenheiten ausgestattet.

HERDER